Klaus Schmidt

Andreas Gottschalk

Armenarzt und
Pionier der
Arbeiterbewegung

Jude und
Protestant

Klaus Schmidt

Andreas Gottschalk

Armenarzt und
Pionier der
Arbeiterbewegung

Jude und
Protestant

Greven Verlag Köln

Die Deutsche Bibliothek – CIP-Einheitsaufnahme

Schmidt, Klaus:
Andreas Gottschalk : Armenarzt und Pionier der Arbeiterbewegung.
Jude und Protestant /
Klaus Schmidt. – Köln : Greven, 2002
ISBN 3-7743-0336-3

www.Greven-Verlag.de
Druck und Bindung: Steinmeier, Nördlingen

Der Autor

Klaus Schmidt
geb. 1935 in Rheydt
Theologe, Historiker, Publizist in Köln
Verfasser zahlreicher Biographien und Sachbücher
zur Geschichte des 19. Jahrhunderts

Inhalt

Inhalt

Einleitung

In der ersten Hälfte des 19. Jahrhunderts probten die Deutschen den ersten großen demokratischen Aufbruch. Gemeinhin ist aufgrund der Niederlage der Demokraten in den Jahren 1848/49 von der „gescheiterten Revolution" die Rede. Nicht zu Unrecht. Dennoch war sie eine wichtige Etappe auf dem mühsamen Weg, gegen den Widerstand der monarchisch-ständestaatlichen Systeme, allen voran in Preußen, Grundrechts- und Menschenrechtsforderungen durchzusetzen. Es war eine Zeit hoffnungsvoller Bündnisse und deprimierender Zersplitterungen. Sie war geprägt von Opportunismus ebenso wie von Zivilcourage, von kaltblütigen Profiteuren und Menschen, die sich zugunsten der Armen und Verelendeten einmischten, die gegen Machtgier und Lüge, Unrecht und Korruption angingen.

Dr. Andreas Gottschalk, einer der engagiertesten und gesellschaftlich aktivsten Ärzte des 19. Jahrhunderts, gehört zu den demokratischen Pionieren jener Zeit. Er war ein Grenzgänger, an dem sich die Geister schieden. 1815 als Sohn eines frommen Deutzer Juden in Düsseldorf geboren, konvertierte er 1844 zum Protestantismus, ohne seine jüdischen Wurzeln zu kappen. Als Arzt kritisierte er den Standesdünkel vieler Kollegen und ihr mangelndes Engagement für die im Elend Erkrankten. Als Gründer und Präsident des Kölner Arbeiter-Vereins machte er sich aufgrund seiner entschiedenen Parteilichkeit Unternehmer und Behörden zu Feinden. Mit dem in Köln tätigen Karl Marx und dessen Anhängern geriet er nach anfänglicher Zusammenarbeit in immer größere politische Meinungsverschiedenheiten. Als preußenkritischer Sozialist wurde er monatelang einem Tendenzprozeß unterworfen, in dem er als Terrorist denunziert, schließlich aber freigesprochen wurde. Immer wieder berief er sich auf die Ethik der jüdischen Propheten und des Urchristentums. Doch bei der Beerdigung dieses Protestanten erschien zur Empörung der Trauernden der evangelische Pfarrer nicht.

Gottschalk war nicht der einzige Arzt, der beim demokratischen Aufbruch von 1848/49 eine bedeutende Rolle spielte. Großes Aufsehen in ganz Deutschland erregte der Königsberger Mediziner und Parlamentarier Dr. Johann Jacoby mit seiner ungeschminkten Kritik am Preußenkönig Friedrich Wilhelm IV., der ihn erfolglos strafverfolgen ließ. Berühmt ist heute noch Professor Rudolph Virchow als großer Pathologe. Daß auch er damals ein Demokrat der ersten Stunde war, ist weithin unbekannt. Am 8. September 1849 starb Andreas Gottschalk nach aufopferungsvoller Pflege der Cholera-Kranken an eben dieser Seuche. Mehr als viertausend Menschen gaben ihm auf dem Kölner Friedhof Melaten das letzte Geleit. Aber sein Grab verfiel. Erst in jüngster Zeit wurde es vom Kölner Gewerkschafter und Historiker Fritz Bilz wiederentdeckt und 1999 mit Hilfe des Deutschen Gewerkschaftsbundes restauriert.

Neben historischer Spezialliteratur gibt es bisher keine größeren Veröffentlichungen über Gottschalk und nur kurze, kaum mehr zugängliche Lebensbeschreibungen. Bei der Erarbeitung der hier vorgelegten Biographie haben mir nicht wenige Menschen geholfen. Ich danke vor allem Fritz Bilz, dessen Veröffentlichungen und Materialien über die Kölner Arbeiterbewegung und dessen kritische Lektüre meines Manuskripts sehr hilfreich waren. Der Historikerin Dr. Barbara Becker-Jákli, Kennerin auch des frühen Kölner Protestantismus, verdanke ich den Hinweis, daß Gottschalk erst in den kurzen Wochen der Cholera-Epidemie auf der Gehaltsliste seiner Heimatstadt stand, also im strengen Sinne kein offizieller „Armenarzt" war. Da er aber nahezu ausschließlich arme Menschen behandelte, behalte ich diesen unscharfen, aber bisher üblichen Begriff bei. Die Zahnärztin Dr. Christina Dautzenberg machte mir das Manuskript ihrer Dissertation über die Cholera in Köln des Jahres 1849 zugänglich. Ohne diese erste umfängliche Arbeit zu diesem Ereignis wäre das entsprechende Kapitel in meinem Buch unvollständig geblieben. Wichtige medizingeschichtliche Hinweise verdanke ich auch der Kölner Historikerin Monika Frank. Bei der Suche nach Gottschalks jüdischen Wurzeln stieß ich auf das „Familienbuch der Deutzer Juden" von Klaus H. Schulte. Dort fand ich bisher nicht berücksichtigte Hinweise auf seine Vorfahren.

Pfarrer Marten Marquardt, Leiter der evangelischen „Melanchthon-Akademie" in Köln, hat im Jubiläumsjahr 2002 („200 Jahre Protestanten in Köln") wesentlich zur Vergegenwärtigung Gottschalks beigetragen, nicht zuletzt durch eine von uns beiden angeregte öffentliche evangelische „Entschuldigung" an dessen Grab – 153 Jahre nach seinem Tod. Dr. Werner Schäfke, dem Direktor des Kölnischen Stadtmuseums, danke ich dafür, daß er mir im Jahr 2002 eine Ausstellung über Gottschalk im Stadtmuseum ermöglichte.

Als Gründer und Präsident des Kölner Arbeiter-Vereins gehört Andreas Gottschalk auch in die Vorgeschichte der Gewerkschaftsbewegung. So ist es nur folgerichtig, daß Witich Roßmann ihm zu Beginn seiner zweibändigen Geschichte der IG-Metall ein ausführliches Kapitel widmet. Ihm und dem Kölner DGB-Vorsitzenden Dr. Wolfgang Üllenberg verdanke ich einen Druckkostenzuschuß, den sie bei der „Hans-Böckler-Stiftung" in die Wege leiten konnten. Ähnliche Zuschüsse verdanke ich dem Landschaftsverband Rheinland, dem Kölner Bankhaus Salomon Oppenheim, der Evangelischen Kirche im Rheinland, dem Evangelischen Kirchenkreis Köln und den „Freunden und Förderern des Kölnischen Brauchtums e.V.".

In einer Zeit schneller telegener Arztserien und zweifelhafter Darstellungen von „Kliniken unter Palmen" scheint es mir wichtig, auf Männer und Frauen hinzuweisen, die als „Ärzte ohne Grenzen" auch die sozialen Wurzeln von Krankheiten bewußt machen. Der leidenschaftlich tätige Andreas Gottschalk, beliebt und verehrt von den einen, wütend verfolgt von anderen, gehört ganz zweifellos in die Reihe dieser Helfer der Menschheit.

I. Das jüdische Erbe

Eine jüdische Familie aus Deutz

Der Reichsstadt Köln gegenüber liegt auf der rechten Rheinseite das Amt Deutz. Es ist einer jener Orte, in denen im 18. Jahrhundert viele jüdische Familien wohnen, deren Vorfahren 1424 aus Köln vertrieben wurden. Ob auch die des Synagogenvorstehers Gottschalk (Sohn des) Daniel und seiner Frau Genendel Knendel dazu gehören? Er wurde 1748 in Deutz geboren, sie 1740 in Bonn. Ihre sechs Kinder Bina, Meyer, Andreas, Rivka Rebekka, Mindel und Joseph kommen in den Jahren 1770 bis 1778 in Deutz zur Welt. Die Familie lebt hier im Ghetto der Judengasse, gleichwohl in freundschaftlicher Nähe zu Christen, die nicht zuletzt in einer gemeinsam erlebten Hochwasserkatastrophe ihre Ursache hatte.

Hochwasser in Köln, 1784. Kupferstich von Johann Baptist Bergmüller

10

Die große Flut von 1784

Die Römer hatten zwar das Kastell auf dem rechten Rheinufer hochwasserfrei gebaut, doch das übrige Deutzer Ufer blieb zu allen Zeiten gefährdet und wurde vielfach überschwemmt. Johann Leonhard Thelen, Philosophieprofessor an der Kölner Universität, berichtet als Augenzeuge über den „erschrecklichen Eisgang" von 1784 im „Bönnischen Intelligenzblatt": „Der Eispanzer des Rheins wuchs bis zu einer Stärke von rund zwei Metern. Am 27. Februar geschah es dann: Mit einem explosionsartigen Lärm brach das Eis, so dass die Wasserfluten zusammen mit riesigen Eisschollen auf Deutz stürzten."

Die Deutzer mit ihren meist niedrigen und schwachen Häusern und ihren Äckern verlieren ihr Hab und Gut, können sich aber zumeist in die höher gelegene Benediktinerabtei retten. Auch dort ertrinkt das Vieh, und in der Kirche, so ein Pater, schwimmen „alle Bänke, auch die der Geistlichen". Besonders betroffen sind jüdische Familien, die nahe am Rheinufer wohnen – in Deutz, und mehr noch in Mülheim. Dort kommen viele Menschen in den Fluten um. Die kleinen Synagogen in beiden Orten werden samt Gebetbüchern weggespült. Doch in Deutz können beherzte Männer 13 Thorarollen über Hausdächer hinweg in Sicherheit bringen. Die Abtei, so weiß Thelen zu berichten, nimmt alle obdachlosen Juden auf. Man sagt ihnen, sie sollen „ohne Ausnahme kommen", alle Menschen ohne Unterschied der Religion seien Geschwister. „Ich muss es zum unvergesslichen Ruhme der hiesigen Abtei sagen", so ein Deutzer Bürger, „dass

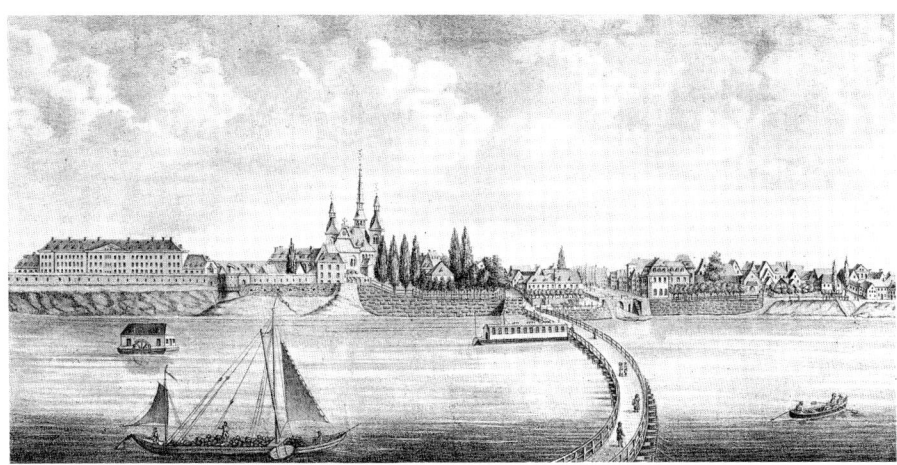

Ansicht von Deutz mit Benedektinerabtei, um 1830

11

die dortigen Geistlichen sich von ihrem Eigenthume nichts vor uns herausnahmen; mit einer fühlbaren Liebe spendeten sie alle aus, und alles hatten wir mit ihnen gemein."

Mit großer Erleichterung erlebt Johann Leonhard Thelen dann das Zurückweichen der Flut: „Wer kann sich die Freude denken, die in diesem Augenblick mehr denn tausend Menschen entzückte, und die allgemeinen Jubeltöne erschollen mit solcher Inbrunst, dass uns Kölnern der Laut vernehmlich war und wir unsern Anteil an dem Jubel geretteter Nachbarn nehmen konnten. Auch die Juden stimmten einen lärmenden Freudengesang an, dass die Christen darüber fast betäubet wurden." Die Familie des Gottschalk (Sohn des) Daniel, so viel ist gewiß, hat die Katastrophe überlebt, auch sie mutmaßlich nicht ohne materielle Verluste. Von überall kommt nun Hilfe für die Notleidenden. Das Kölner Domkapitel schickt Lebensmittel und läßt sie an Juden und Christen verteilen. Die Bonner Juden senden ebenfalls Hilfsgüter für alle Bedürftigen. 1786 wird in Deutz, ein Jahr später in Mülheim eine neue Synagoge eingeweiht. Ende des Jahrhunderts wächst die Deutzer Judenschaft auf 163 Personen an, darunter sechs Metzger, fünf Kaufleute, vier Handwerker, ein Krämer, ein Uhrmacher, vier Musikanten, einen Rabbiner, ein Vorsänger und ein Schulmeister.

Egalité – auch für die Juden

1794 erreichen die Wogen der Französischen Revolution Köln. Die Reichsstadt ergibt sich dem französischen Militär ohne Widerstand. Doch auf dem rechten Rheinufer verschanzen sich preußische und österreichische Truppenverbände noch jahrelang und drangsalieren die Bewohner. Erst 1801 annektiert Frankreich aufgrund des Friedensvertrags von Lunéville die deutschen Gebiete auf dem linken Rheinufer. Gleichzeitig verbessert sich die Lebenssituation der Menschen im rechtsrheinischen Ort Deutz, der nun von Karl Wilhelm von Nassau-Usingen käuflich erworben wird. Der Fürst räumt den Juden das zuvor verweigerte Recht ein, Grundeigentum zu erwerben und offene Verkaufsstellen einzurichten. Doch im Übrigen bleibt es beim finanziellen Aderlaß: Sie müssen einen „Leibzoll" von fünf Silbergroschen zahlen, ferner jährlich zehn Reichstaler und bei einem Sterbefall einen Goldgulden an den Schultheiß, an die Gemeinde bei der katholischen Feier der „Gottestracht" fünf Gulden „Biergeld", an den Pfarrer jährlich um Ostern einen Gulden pro Familie und an die Deutzer Schneiderzunft vier Reichstaler für die Erlaubnis freien Kleiderhandels.

In Köln können Juden seit 1798 wieder offiziell wohnen und zu Besitz und Eigentum gelangen. 1801 gründen sie mit 17 Familien eine eigene Gemeinde. Ihr Vorsteher wird der Bankier Salomon Oppenheim, Sohn eines kurfürstlichen Hoffaktors, der 1798 von Bonn in die aufblühende Handelsstadt gezogen ist. Er gehört aufgrund seiner wirtschaftlichen Erfolge und seiner Redlichkeit sehr bald zu den angesehensten Bürgern Kölns. 1810 steht er mit einem Kapital von etwa 240.000 Talern bereits an zweiter Stelle unter den Kölner Bankhäusern.

Umzug nach Düsseldorf

Aufbruchstimmung herrscht auch in der Familie des Gottschalk (Sohn des) Daniel und seiner Frau Genendel Knendel. Tochter Bina heiratet einen Andreas Salomon und zieht zu ihm nach Niederzündorf, einer südlich von Deutz gelegenen Ortschaft. Sohn Andreas samt seiner Frau Sprinz, geb. Elias zieht nach Köln und wird Kassierer beim Bankier Salomon Oppenheim. Sohn Joseph heiratet Anfang des 19. Jahrhunderts eine aus Sittard im Herzogtum Jülich stammende Sibilla Levinboch und läßt sich mit ihr 1811 nach Geburt der Tochter Rebekka in Düsseldorf als Talmudlehrer und Schächter nieder, der im Auftrag der jüdischen Gemeinde aufgrund uralter Vorschriften der Thora ausgeblutetes – geschächtetes – Fleisch an die Gemeindemitglieder verkauft.

Seit 1808 ist das von Napoleon gegenüber Preußen zu einer Art Pufferzone geformte Großherzogtum Berg mit seiner Hauptstadt Düsseldorf de facto ein Teil Frankreichs. Die Juden erhielten auch hier das Bürgerrecht – zu ihrer Enttäuschung infolge eines „infamen Dekrets" jedoch nicht ungeschmälert: Es erlaubt ihnen Handel und Gewerbe nur gegen ein jährlich zu erneuerndes Patent. Entsprechend allgemeinen Regelungen werden nun auch sie, die bisher keinen abendländischen Nachnamen benutzten, aus bürokratischen Gründen und zwecks besserer Kontrolle zur Annahme fester Familiennamen verpflichtet. Der Talmudlehrer Joseph heißt nun nicht mehr Joseph (Sohn des) Daniel. Er wählte vielmehr genau wie seine Geschwister den Vornamen des Vaters – Gottschalk – als Nachnamen, den hinfort auch Kinder und Kindeskinder tragen werden. Da auch hebräische Nachnamen nicht mehr erlaubt sind, wird der Geburtsname seiner Frau von Levinboch in Levenbach umgewandelt.

13

Lockerungen und Einschränkungen

Die Annäherung von Juden und Christen macht in Düsseldorf zumindest unter Gebildeten im Zuge der Aufklärung erfreuliche Fortschritte. Als Napoleon 1811 die Stadt besucht, werden die Einwohner Zeugen einer multireligiösen Szene: Gestützt vom katholischen Landdechanten und einem reformierten Prediger entbietet der 77jährige, hochangesehene Rabbiner Jehuda Loeb Scheuer dem Kaiser den Gruß der Düsseldorfer Geistlichkeit. Peinlich dagegen ist wenig später die Lobrede eines Staatsrats, der aus Napoleon durch falsche Aussprache statt eines der „plus grands heros" einen der „plus grand séros", eine der größten Nullen macht.

Die Folgezeit scheint dem Staatsrat Recht geben zu wollen. 1812 muß der blutige Eroberer und Machtmensch nach dem Brand von Moskau den verlustreichen Rückzug durchs eisige Rußland antreten. Die Völkerschlacht bei Leipzig beschleunigt das Ende. Im November 1813 rücken Kosaken der mit Preußen und Österreich verbündeten russischen Armee in Düsseldorf ein.

1815 plädieren England und Österreich auf dem Wiener Kongreß für Preußen als „Wacht am Rhein". So tritt denn der König von Preußen hier die Nachfolge Napoleons an. Neben rheinischen Richtern repräsentiert hier der Glogauer Landgerichtsrat August Heinrich Simon als einer der ersten preußischen Juristen jüdi-

Einzug Napoleons in Düsseldorf am 2. November 1811

scher Herkunft den altpreußischen Ritterstand, ein Mann, der seine Arbeit nach eigenen Worten „mit vorurteilsfreiem Sinn für zweckmäßige Rechtsinstitute, welche sich in den Rheinprovinzen vorfinden", angehen will. Doch die Rechtslage der Juden kann Simon nicht verbessern. Allenthalben wird Stimmung gegen sie gemacht, auch in Düsseldorf. Hier behauptet die Bezirksregierung 1817, die vielversprechende Ernte werde von jüdischen Wucherern auf dem Halm aufgekauft, und die „Düsseldorfer Zeitung" lobt in maliziöser Weise den alttestamentlichen Joseph, der kein „Kornjude" gewesen sei. König Friedrich Wilhelm III. läßt unter dem Eindruck starker antijüdischer Kampagnen das „infame Dekret" im Rheinland nach 1818 trotz liberalerer Regelungen im preußischen Kerngebiet weiter bestehen. Oberpräsident Georg August Wilhelm Graf Solms-Laubach unterstreicht diese Maßnahme: „Wenn man dem Juden, so lang er Talmudist bleibt, den Handel nicht verbietet, so wird sich der Charakter dieses Volkes nicht ändern und Wucher das Geschäft des reichen, Schachern und Betrügen aber das Geschäft des armen Israeliten seyn. Aus diesem Grund (...) werden sie auch nicht anders werden, bis sie entweder ihre Auslege der Schriften des alten Testaments in's Feuer werfen, oder bis ihnen Gleichheit des bürgerlichen Rechts gestattet wird, sobald sie ein anderes Gewerb als den Handel ergreifen, dieses aber ihnen vorläufig untersagt bleibt, bis sie vom Glauben ihrer Väter abfallen."

Die Professoren Jakob Friedrich Fries in Heidelberg und Christian Friedrich Rühs in Berlin verbreiten seit 1816 antijüdische Schriften. Lang angestaute Tumulte und Exzesse („Hep-Hep-Krawalle") verbreiten sich drei Jahre später in ganz Deutschland, im Rheinland zur Erleichterung vieler nur an wenigen Orten. In Düsseldorf werden in der Umgebung des Rathauses und am Wohnhaus des Rabbiners Scheuer Zettel angeschlagen: Schon zu lange habe „die Herrschaft der Juden über den Betrieb des Handels gedauert". Offen wird, falls es nicht schnellstens zu einem entsprechenden Handelsverbot käme, mit einem Blutbad gedroht, „das anstatt Bartholomäus-Nacht Salomoni-Nacht heißen soll".

Immerhin gebietet die Bezirksregierung solcher Pogrom-Propaganda Einhalt, und die Polizei konfisziert ein Hetzblatt in einem Düsseldorfer Kaffeehaus. „Frevelmütige Menschen haben sich unterstanden", heißt es im Aufruf des Regierungspräsidenten vom 26. August 1819, „mehrere Haustüren der hiesigen Israeliten mit schwarzen Strichen zu bezeichnen und zu gleicher Zeit Zettel in den Straßen auszustreuen, durch deren Inhalt sie die böse Absicht jener Handlung noch mehr verrieten. Da nun die königliche Regierung nicht zugeben kann, daß die hiesigen Israeliten auf irgendeine Weise in ihrer häuslichen Ruhe gestört werden, ihr also daran gelegen ist, daß jene Frevler entdeckt und zur verdienten Strafe gezogen werden: so wird demjenigen, welcher auch nur einen Teilnehmer jener strafbaren Tat angeben kann, unter Verschweigung seines Namens eine Belohnung von 50 Talern versprochen."

Zu den wenigen projüdischen Stimmen im Rheinland, die in diesem Jahrzehnt über den lokalen Bereich von christlicher Seite laut werden, gehört der Poet und katholische Theologe Wilhelm Smets, ein Freund Heinrich Heines aus dessen Bonner Studienzeit, später Pfarrer in Hersel bei Bonn.

Erziehung in der Tradition des Moses Mendelssohn

Andreas Gottschalk wurde am 28. Februar 1815, im Jahr des Wiener Kongresses, als fünftes Kind von Sibilla und Joseph Gottschalk geboren. Über das Leben seiner Eltern – beide wurden 1778 geboren –, seiner Großeltern und der älteren Geschwister Esther, Rebekka, Sara und Salomon ist wenig in Erfahrung zu bringen. Seine Großmutter Genendel Knendel starb 1817 77jährig an Auszehrung, sein Großvater Gottschalk Daniel drei Jahre später an Erstickung nach ärztlicher Fehlbehandlung.

Erst 1849 wird in einer Totenrede auf Andreas Gottschalk, den inzwischen berühmten Armenarzt, aufgrund von Informationen des Bruders Salomon die Düsseldorfer Zeit der Familie erwähnt werden. Der Vater ist demnach ein „gewandter Talmudist", der seinem Sohn Andreas „Kenntnis von dem schwierigen Gesetzeswerk der mosaischen Religion" vermittelt. Beide Eltern, „weit entfernt, sich mit dieser einseitigen, nur für ein Partikelchen der Menschheit von Wert seienden Ausbildung zu begnügen", streben vielmehr danach, ihn „nach allen Richtungen hin auszubilden". Bei dieser Haltung der

Moses Mendelssohn (1729-1786)

Eltern ist es verständlich, daß sie ihren Sohn nun auch auf eine der christlichen Elementarschulen schicken, die ein weit höheres Niveau als die jüdische Privatschule mit ihren beiden Lehrern haben. Die recht arme jüdische Gemeinde kann sie nicht angemessen bezahlen, nach dem Tod von Jehuda Loeb Scheuer nicht einmal einen neuen Rabbiner einstellen. Die Düsseldorfer Behörde überläßt die Gemeinde ihrem Schicksal, zahlt weder Zuschüsse noch kontrolliert den Schulbesuch der 30 schulfähigen Kinder. Manche Eltern schließen sich zusammen, um einen Hauslehrer zu engagieren, andere schicken ihren Nachwuchs auf eine christliche Schule – so auch das Ehepaar Gottschalk.

Daß ein der religiösen Tradition verpflichteter Talmudist seinen Kindern eine umfassende geistige Bildung vermitteln will, ist nicht außergewöhnlich. Jahrzehnte zuvor hatte bereits Moses Mendelssohn, Sohn eines Dessauer Thoraschreibers und Gemeindelehrers, die bei der jüdischen Bevölkerung übliche sprachliche Beschränkung auf Hebräisch, Jiddisch und minimales Alltagsdeutsch durchbrochen, hatte 1744 als 15jähriger nach deutscher Grammatik und Literatur auch Latein und Griechisch zu lernen begonnen und war sechs Jahre später Hauslehrer bei einem jüdischen Fabrikanten in Berlin geworden. Hier freundete er sich mit dem gleichaltrigen Lausitzer Pfarrerssohn Gotthold Ephraim Lessing an, der sich in seinem Theaterstück „Die Juden" leidenschaftlich gegen „die schimpfliche Unterdrückung eines Volkes" einsetzte, „das ein Christ nicht ohne Ehrerbietung

Gotthold Ephraim Lessing (1729-1781)

17

betrachten kann". Lessing ließ die „Philosophischen Gespräche" des Freundes drucken, das erste Buch eines deutschen Juden in deutscher Sprache. Weitere Schriften gaben beide Freunde gemeinsam heraus. Von orthodoxer Seite erntete Mendelssohn scharfe Kritik, vor allem weil er auch die sakrosankten Heiligen Schriften ins Deutsche übersetzt hatte. Reformfreudige nannten ihn den „jüdischen Luther", und Lessing setzte ihm im Theaterstück „Nathan der Weise" ein Denkmal.

Mendelssohn wurde mit seiner geistigen Pioniertat führender Kopf der „Maskilim", der sowohl an der mittelalterlichen jüdischen Philosophie wie am europäischen Humanismus und der Aufklärung orientierten jüdischen Intellektuellen. Viele junge Maskilim folgten dem Appell seines Schülers Naphtali Herz Weisel und begannen, europäische Sprachen zu lernen. In Berlin wurden drei Jüdinnen Leitfiguren einer geschlechts- und religionsübergreifenden Emanzipation: Henriette Herz, Rahel Levin und Dorothea Veit, Moses Mendelssohns älteste Tochter. Sie pflegten Kontakte zu Goethe, Schiller und von Kleist, zu den Philosophen Kant und Hegel, zum Theologen Schleiermacher, zu den Brüdern Alexander und Wilhelm von Humboldt, zu Malern, Bildhauern und Musikern. Als die Juden 1812 durch ein Freiherrn von Stein zu verdankendes Edikt zu preußischen Staatsbürgern erklärt wurden, hatte sich auch Wilhelm von Humboldt mit seiner Ansicht durchgesetzt, es gäbe keinen Rechtsgrund, warum sie, die „alle Pflichten der Christen erfüllen" wollen, nicht auch „der Rechte teilhaftig werden" sollen. Alle Rechte waren es freilich nicht; öffentliche Staatsämter blieben ihnen ebenso verwehrt wie die Offizierslaufbahn.

Kölner und Bonner Lehrjahre

Andreas Gottschalk besucht die Düsseldorfer Elementarschule, in der er sich nach Erinnerung seines Bruders Salomon „durch seine Wißbegierde und seinen eisernen Fleiß" auszeichnet, nur ein Jahr lang. Dann plant die Familie den Umzug nach Köln, weil der Vater eine Anstellung als Gesetzeslehrer in der dortigen Gemeinde erlangt hat.

Die neue Rechtssituation

Vor dem Umzug sind Hürden zu überwinden. Im Jahre 1818 hatte Friedrich Wilhelm III. das „schändliche Dekret" aus der Franzosenzeit „bis auf weiteres" verlängert. Das Emanzipationsedikt von 1812 wurde also nicht auf die neuen preußischen Provinzen ausgedehnt. Neuerliche Einschränkungen wurden dagegen auch hier gültig: Juden wurde nicht nur die Offizierslaufbahn verwehrt, sie durften nun auch weder Lehrer, Richter, Advokaten noch Apotheker werden.

Vor allem aber blieb das Niederlassungsrecht eingeschränkt. 1817 bereits hatte die Bezirksregierung die starke Zunahme der Juden in Köln beanstandet. In der Folgezeit wurde streng darauf geachtet, daß sie nicht ohne Ausnahmegenehmigung von einem Regierungsbezirk in den anderen wechselten, es sei denn, daß sie sich glaubhaft mit Ackerbau beschäftigen wollten. Die Befürwortung eines Antrags wurde mehr und mehr von der Vermögenslage und den Verdienstmöglichkeiten der Antragsteller abhängig gemacht; man wollte möglichst ausschließen, daß sie der städtischen Armenfürsorge zur Last fielen. Der aus dem Düsseldorfer Regierungsbezirk nach Köln wechselnde Joseph Gottschalk hat die vorgeschriebene Ausnahmegenehmigung zweifellos erhalten, sicherlich begünstigt durch die Tatsache, daß der angesehene Bankier Salomon Oppenheim Vorsteher der jüdischen Gemeinde ist. Die Familie erhält eine Wohnung in der Bürgerstraße Nr. 9, unmittelbar neben Rathaus und Judenviertel.

Die Gymnasialzeit

Bereits im Jahre 1804, kurz nach Konstituierung der jüdischen Gemeinde in Köln, arbeiteten hier Isaak Ochs, zuvor Kantor in Lechenich, und Hermann Levi Elkan als Privatlehrer. Als Samuel Benjamin Cohen wenig später in der Glockengasse zwei Gebäude und ein Grundstück für die Gemeinde kaufte, wurde hier neben der Synagoge auch eine Schule errichtet. Im Zuge der preußischen Neuorganisation aller Bildungsbereiche kümmert sich nun auch die städtische Schulkommission um das jüdische Schulwesen. 1822 berichtet sie, daß vier Lehrer, unter ihnen Elkan und Andreas' Vater, den Kindern Kenntnisse im Talmud, der hebräischen und der deutschen Sprache vermitteln. Doch vielen Eltern ist dieser Unterricht zu schmalspurig, und so gehen in den nächsten Jahren von 60 Kindern etwa die Hälfte in christliche Schulen. Zwei Bildungseinrichtungen stehen zur Auswahl. Da ist einmal das von Jesuiten geleitete, in Domnähe gelegene „Kölnische Gymnasium", das spätere Marzellengymnasium. Prominentester Lehrer ist hier der Physiker Georg Ohm, berühmtester Schüler der aus Liblar stammende Carl Schurz, der 1848/49 als Revolutionär kämpfen und danach US-amerikanischer Innenminister werden wird. Die Schulordnung wird am „Kölnischen

Gymnasium" vergleichsweise milde gehandhabt. 1822 kommt es dort sogar zu einem „Abiturkrieg" zwischen der Schulaufsicht und den Lehrern, die angeblich die Reifeprüfung zu leicht gestalten.

Neben diesem Gymnasium gibt es auf dem Boden des von den Franzosen aufgehobenen Karmeliterklosters ein vierklassiges Kolleg, das sich in den zwanziger Jahren zum „Karmelitergymnasium" entwickelt. 250 Schüler werden dort von 20 Lehrern unterrichtet. Jährlich sind 25 Taler Schulgeld zu zahlen. Begüterte Eltern, darunter viele eingewanderte Protestanten, schicken ihre Kinder gern zur Vorbereitung auf eine Unternehmer- oder Beamtenkarriere hierhin. Der zuständige Schulinspektor und Direktor, Friedrich Karl August Grashof, ist von Hause aus evangelischer Theologe. Er sorgt für preußisch-protestantische Zucht und Ordnung, später auch für den entsprechenden Namen: Friedrich Wilhelm Gymnasium. Das Disziplinargesetz enthält 37 Paragraphen, zu denen sich jeder Schüler schriftlich bekennen muß. „Unterwürfigkeit unter die Gesetze der Schule und den Willen der Lehrer" ist unbedingte Pflicht. Wer dagegen verstößt, „hört eben dadurch auf, Mitglied der Schule zu sein". Einer der Schüler, den dieser Bannstrahl 1824 trifft, ist der 14jährige Franz Raveaux, später populärer Karnevalist und Kölns erster demokratischer Abgeordneter in der Paulskirche.

Von 600 jüdischen Kindern besuchten 1825 etwa die Hälfte christliche Schulen, sechs das Kölnische Gymnasium in der Marzellenstraße und zehn das Karmelitergymnasium in der Severinstraße, unter ihnen der zehnjährige Andreas Gottschalk. Andreas' Schulweg wäre zu beiden Bildungsanstalten ungefähr gleich weit. Seine Eltern entscheiden sich für die letztere, so daß Andreas jetzt mit protestantisch und humanistisch geprägtem Bildungsgut in Berührung kommt, auf dem Weg über Latein und Griechisch auch zu gründlichen Kenntnissen der Antike. Er ist wißbegierig und fleißig, doch er fühlt sich – so später sein Bruder Salomon – „bevormundet und gegängelt von engherzigen Lehrern". Im Herbst 1834 besteht er das Abitur mit guten Noten. Danach entschließt er sich zum Medizinstudium, weil er laut Bruder Salomon „in der unabhängigen Stellung eines Arztes am ehesten eine Stütze der Armen und ein Vorkämpfer der hart bedrückten Arbeiter zu werden hoffen konnte".

Die rheinischen „Judendoktoren"

Die jüdischen Bemühungen um eine allgemein anerkannte ärztliche Laufbahn haben eine lange Tradition. Die Sperre diesem Beruf gegenüber war zwar hier und da schon im Mittelalter durchbrochen worden, doch die katholische Kirche verbot jüdischen Ärzten in der Regel, christliche Patienten zu behandeln. Auch Martin Luther schloß sich üblichen Vorurteilen an, wenn er meinte: „Die Jueden, so sich für Aerzte ausgeben, bringen die Christen, welche ihre Arznei brauchen, um Leib und Gut." Noch in der zweiten Hälfte des 18. Jahrhunderts durfte ein jüdischer Arzt nur dann geholt werden, wenn ein christlicher nicht erreichbar war. Eine selbst hergestellte Medizin durfte er allerdings auch dann noch nicht verabreichen.

Aber es gab seltene Ausnahmen von der Regel, so den Hofarzt des Erzbischofs von Trier im 14. und den Leibarzt des Grafen Hermann zu Sayn im 16. Jahrhundert. In Köln waren die Juden zwar 1424 vertrieben worden, doch von 1650 bis 1675 erhielten „Judendoktoren" aus Deutz und Mülheim in mehr als 30 Fällen die Erlaubnis, Patienten in Köln zu behandeln. Ähnliches gilt in der Folgezeit für Ärzte in Mainz, Bingen, Trier, Limburg und Koblenz. In Bonn praktizierte in der ersten Hälfte des 18. Jahrhunderts Dr. Moses Abraham Wolf. Erstmals hatte er einen Doktortitel an der 1655 durch den Großen Kurfürsten gegründeten Universität Duisburg erwerben können. Nur hier wurden, anders als in Trier und Köln, jüdische Studenten aufgenommen, insgesamt 21 zwischen 1708 und 1817, die sonst nach Leyden oder Padua hätten ausweichen müssen. Die meisten kamen aus Bonn, Trier, Koblenz, Neuwied, Duisburg, Moers und Cleve. Da Juden im 18. Jahrhundert noch keine andere akademische Laufbahn offenstand, wandten sich viele dem Arztberuf zu. Doch auch den nicht auf einer Universität ausgebildeten „Judendoktoren" wurde vielfach – besonders in Köln – Vertrauen geschenkt. Alle diese Ärzte trugen dazu bei, das stereotype Bild von „den Juden" in ihrer Umwelt zu verändern. Hier lernten Christen sie nicht mehr als Händler, Krämer oder Hausierer kennen, sondern als Menschen, die ihnen Hilfe und Heilung brachten. Im Unterschied zu den an Fürstenhöfen tätigen jüdischen „Hoffaktoren", die in der Bevölkerung ähnlich wie die Fürsten selbst als geldgierig verschrien waren, wurden die Ärzte in der Regel respektiert.

Auch jüdische Gemeinden in Bonn, Trier, Mainz, Bingen, Düsseldorf und Cleve stellen seit dem ausgehenden 18. Jahrhundert angesehene akademische Ärzte an, die nicht selten von allen Abgaben befreit oder zu Gemeindevorstehern gewählt werden. Die Gemeinden schließen mit ihnen befristete Verträge ab, die sie gegen ein jährliches Pauschalhonorar dazu verpflichten, einheimische und durchreisende Arme unentgeltlich zu behandeln. Daneben unterhält der Gemeinde- oder Armenarzt in der Regel eine freie Praxis, wobei sozial gestaffelte Honorare ebenfalls mit der Gemeinde vereinbart werden. In Frankfurt, Hamburg und Mannheim gab es zu Beginn des 19. Jahrhunderts schon drei und mehr jüdische Ärzte mit abgeschlossenem Universitätsstudium.

Gottschalks Studienzeit

Die 1819 eröffnete Bonner Friedrich Wilhelms-Universität, an der Andreas Gottschalk das auch für Juden zugängliche Medizinstudium beginnt, war von antijüdischen Aktionen oder Krawallen verschont geblieben. 1820 bemerkte Thomas

Das anatomische Theater und Universitätsgebäude zu Bonn

Campbell, später Rektor der Universität Glasgow: „Die Juden werden hier mit uneingeschränkter Liberalität behandelt, und es gibt hier eine republikanische Gleichheit in der Bürgerschaft." In den dreißiger Jahren sind in Bonn über 500 jüdische Studenten immatrikuliert, fast die Hälfte von ihnen an der medizinischen Fakultät, gefolgt von den Philologen – aber weniger als 30 wurden Juristen. Jüdische Jurastudenten können nur in Göttingen, Heidelberg oder Marburg promovieren – einer der Gründe, warum Heinrich Heine 1825 von Bonn nach Göttingen wechselte.

In Bonn haben im Wintersemester 1834/35 demonstrativ auch einige evangelische Studenten Wohnung in der Judengasse genommen. Hat Andreas Gottschalk Kontakt zu ihnen? Als er neben seinen medizinischen Studien Vorlesungen über Antigone hört, lernt er in Professor Gottlieb Welcker jedenfalls einen hessischen Pfarrerssohn kennen, der in Gießen bereits als 16jähriger Theologie studierte, nach kurzer Gymnasiallehrerzeit dort Dozent an der theologischen Fakultät wurde, danach Professor der griechischen Literatur und Archäologie. 1819 wechselte er nach Bonn, weil man ihn in Gießen, einem Ort radikaler Burschenschaftler, politisch verdächtigte und zu disziplinieren suchte.

Medizin und Altphilologie genügen Gottschalk nicht. Er hört Vorlesungen über Logik, Psychologie, Astrologie, englische Literatur und nimmt Unterricht im Handzeichnen. Jetzt kann er – so Bruder Salomon – „seinen Sinn für Kunst und Literatur ohne Kontrolle und nach eigener Wahl ausbilden". Alle Professoren vermerken, er habe die Vorlesungen bis zum Schluß sehr fleißig und aufmerksam besucht. Eine finanzielle Unterstützung für ihn spart sich die Familie vom Munde ab. Da er nebenbei noch Italienisch, Holländisch und Englisch lernt, verdient er durch Übersetzungen etwas hinzu, so mit einem umfänglichen englischen Werk namens „Damenbotanik".

Das Wichtigste war freilich für ihn während seiner Studienzeit laut Bruder Salomon, „den in ihm glühenden Funken der Freiheit zu schüren. Er forschte und sann in der Politik der Römer und Griechen und der unter den modernen, durch ihre Gesetze und Institutionen relativ freiesten Völker, der Engländer und Amerikaner."

Ein Jahr später als Andreas Gottschalk, im Oktober 1835, verläßt der 17jährige Karl Marx, Sohn eines zum Protestantismus übergetretenen jüdischen Justizrats, sein Trierer Elternhaus, um in Bonn Jura zu studieren. Wie vor ihm Heinrich Heine besucht auch er Vorlesungen über Philosophie und Literatur. Auch ihm wird, wie seinem späteren Kontrahenten Andreas Gottschalk, anfänglich großer Fleiß bescheinigt. Doch nach längerer Krankheit widmet er sich mehr dem turbulenten Studentenleben und wird Präsident eines Trierer „Kneipvereins". 1836 holt er sich bei einem Duell eine Wunde über dem rechten Auge und wird, wenn auch folgenlos, wegen Tragens einer verbotenen Waffe angezeigt. Im selben Jahr verlobt er sich mit der vier Jahre älteren Jenny von Westphalen und wechselt auf Druck des Vaters nach Berlin, studiert Jura und bei Eduard Gans, einem getauften Juden, Hegelsche Philosophie. Und er schreibt lange Liebesgedichte an die Verlobte.

Andreas Gottschalk schließt 1838 sein Studium mit Erfolg ab und dient ein Jahr lang als Chirurg beim Bonner Ulanenregiment. Erst seit sechs Jahren ist es jüdischen Medizinstudenten in Preußen erlaubt, ihren Militärdienst in dieser Form abzuleisten. 1840 promoviert er über das Thema „De congestionis ad cerebrum ratione" – über den Blutandrang zum Gehirn. Er verfaßt medizinische Aufsätze, zum Beispiel über die „Behandlung von Blasenlähmung und nervösem Hüftweh", und wird auswärtiges korrespondierendes Mitglied der „Gesellschaft für medizinische und Naturwissenschaften zu Brüssel".

Im Bonner Klinikum sammelt er auch chirurgische Erfahrungen. Im April 1840 operiert er eine zwanzigjährige Frau, die an einem „schiefen Hals" leidet. Wenig später berichtet er darüber im „Organ für die gesammte Heilkunde": „Der Kopf ist nach der linken Schulter und etwas nach vorn gerichtet, die linke Gesichtshälfte ist schmaler und kürzer als die rechte. (...) Der Schlüsselbeintheil des linken Kopfnickens ist stark gespannt, der Brusttheil weniger; außerdem ansehnliche Seitwärtskrümmung der Halswirbel nach rechts." Assistiert von zwei Kollegen durchschneidet Gottschalk Schlüsselbeintheil und Brusttheil. Unmittelbar danach läßt sich der Kopf leicht nach links und rechts und in die gerade Stellung bringen. Nach zwei Tagen sind die Wunden vernarbt. Die junge Frau erhält eine Halskrause, und Mitte Mai kann Gottschalk sie als geheilt aus seiner Obhut entlassen. In gleicher Weise operiert er im Mai ein 16jähriges Mädchen, ebenfalls mit gutem Erfolg.

Plant er nun eine Praxis in Bonn oder in Köln? Oder eine Anstellung als Armenarzt in einer jüdischen Gemeinde? Diskutiert der vom Judentum Geprägte,

23

der vier Jahre später in Köln zum Protestantismus konvertieren wird, religiöse Fragen? In Bonn wäre dazu reichlich Gelegenheit. Hier finden sich 1840 dogmenkritische Katholiken, Protestanten und Juden zusammen, die sich überall in Deutschland sehr bald als „Deutschkatholiken", evangelische „Lichtfreunde" und „Junges Judentum" von verfaßter Kirche und Synagoge zu lösen beginnen. In Bonn werden sie von einer Gruppe Bonner Bürger unterstützt, die in einer Petition an den Landtag den „Nationaltypus der Juden" preisen: „Daß er sich trotz aller Unterdrückung und Erniedrigung bewahrt, daß er sich für den höchsten Aufschwung menschlicher Kräfte noch immer geeignet zeigt – darin liegt die Garantie seiner Würde, seine Berufes und seiner Unsterblichkeit." In Mainz plant man sogar eine „drei-konfessionelle Nationalkirche".

Appelle an den christlichen König

Als Friedrich Wilhelm III. im Juni 1840 stirbt, hoffen viele auf eine politische und kulturelle Wende. Friedrich Wilhelm IV. amnestiert politische Häftlinge und lockert die Pressezensur. Zu seinen ersten Amtshandlungen gehört auch die Aufhebung des Verbots für Juden, christliche Vornamen zu tragen. Doch im Zuge seiner von protestantischen Ideologen verstärkten Auffassung vom „christlich-germanischen Staat" erscheinen Juden bald wieder wie im Mittelalter als „fremde Körperschaft". Der Staat könne „die individuelle Verschmelzung der Juden mit der christlichen Bevölkerung" nicht zulassen, heißt es in einem ministeriellen Gutachten. Er werde sie „niemals als ein belebendes Element seines eigenen Organismus betrachten". In den überkonfessionellen und liberalen Bestrebungen von aufgeklärten Juden und Christen sehen die Behörden eine Gefahr für den korporativen Ständestaat.

Angesichts dieser Entwicklung richten Abraham und Simon Oppenheim im Januar 1841 eine „untertänigste Immediat-Eingabe" an den König. Die beiden Brüder sind nach dem Tod des Vaters Salomon vor 13 Jahren Teilhaber des von der Mutter übernommenen renommierten Kölner Bankhauses geworden. Simon wurde 1832 stellvertretendes Mitglied und ein Jahr später bereits Präsident der Kölner Handelskammer, und er regte die Gründung der Rheinischen Seefahrt-Gesellschaft für den Verkehr mit der Handelsweltmacht England an, aus der jetzt die Kölnische Dampfschleppschiffahrts-Gesellschaft hervorgeht. Abraham baute das Bankgeschäft international aus, und beide Brüder gründeten 1838 gemeinsam mit fünf weiteren Bankhäusern und insgesamt drei Millionen Talern Kapital die Kölnische Feuerversicherungsgesellschaft „Colonia" – keine unwichtigen Bittsteller also für den König! Das preußische Edikt von 1812, schreiben sie, möge unverkürzt „seinem Worte und Geiste nach gehandhabt, ausgelegt in dem umfassenden, hochherzigen Sinn, in dem es gegeben worden", im Mutterland wie auch in den Rheinprovinzen Anwendung finden. Der König antwortet kurz und bündig: „Da gerade der fragliche Gegenstand in Beratung des Staatsrats genommen ist, so enthalte Ich Mich für jetzt der Beurteilung desselben und werde die Anträge des Staatsrats erwarten." Das Ergebnis sind neue diskriminierende Regelungen. Auch der Aachener Unternehmer David Hansemann fordert in einer Denkschrift vergeblich, den Juden die uneingeschränkten bürgerlichen und politischen Rechte zu geben.

Freund Moses Hess

Moses Hess, philosophisch und gesellschaftlich engagierter Sohn des Zuckerfabrikanten und jüdischen Gemeindemitglieds David Hess, wird in den kommenden Jahren enger Freund von Andreas Gottschalk werden. Er wurde 1812 in Bonn geboren. Zwei Jahre später zogen die Eltern nach der Geburt eines weiteren Kindes nach Köln, ohne ihn mitzunehmen. Zusammen mit seinem Bruder Lazarus zog ihn sein Großvater Nathan David Hess auf, einer – wie er sagt – „jener ehrwürdigen Schriftgelehrten, die, ohne ein Metier daraus zu machen, Titel und Kenntnisse eines Rabbiners hatten", der den Enkel zuweilen bis nach Mitternacht „mit den Sagen von der Vertreibung der Juden aus Jerusalem" bekannt machte.

Moses Hess (1812-1875)

25

Anders als Andreas Gottschalk wurde der junge Hess sehr eng und streng erzogen. 1836 schrieb er, nach dem Tod der Mutter inzwischen beim Vater in Köln lebend, in sein Tagebuch: „Welche Bildung habe ich genossen? In der Judengasse geboren und erzogen; bis in mein fünfzehntes Jahr über den Talmud schwarz und blau geschlagen; Unmenschen für Lehrer, schlechte Kameraden für Gesellschafter, zu geheimen Sünden verführt, mit geschwächtem Körper und rohem Geiste, so trat ich mein Jünglingsalter an." Er bildete sich autodidaktisch und mit Privatstunden fort – auch in der deutschen Sprache, denn zu Hause wurde nur jiddisch gesprochen. „Ich bin noch jung", klagte der 24jährige einem Freund, „ein Israelit von wohlhabender Familie, aber ohne darum über einen Pfennig verfügen zu können." 1837 begann er in Bonn ohne Abitur mit Sondergenehmigung Philosophie und Naturwissenschaft zu studieren. Schon in diesem Jahr konnte er sein erstes Buch veröffentlichen: „Die heilige Geschichte der Menschheit von einem Jünger Spinozas." Darin pries er die sich geschichtlich entwickelnde Vernunft und den in Amsterdam wegen seines Pantheismus aus der jüdischen Gemeinde ausgeschlossenen Philosophen Baruch Spinoza. Ein Exemplar seines Buches sandte er „in tiefster Verehrung" an Heinrich Heine. Sein Instinkt, schrieb er ihm mit Seitenhieb auf seinen Vater, habe ihn „im tiefsten Schlamme jüdischen Schachers den Reichthum verachten" gelehrt. Mehr als alles Übrigen bedürfe er der Anregung. Drei Jahre später folgte sein Buch „Die europäische Triarchie", in der er ansatzweise die Idee des Sozialismus und der Vereinigten Staaten von Europa zur Sprache brachte.

1841 lernt er Karl Marx kennen, der sich in Bonn um eine akademische Laufbahn bemüht, aber auch Kontakte in Köln wahrnimmt. Hess ist begeistert von Marx und schreibt seinem Freund Baruch Berthold Auerbach, einem schwäbischen Hausierersohn und zukünftigem Volksdichter, voller Enthusiasmus: „Du wirst Dich freuen, hier einen Mann kennenzulernen, der jetzt auch zu unseren Freunden gehört, obgleich er in Bonn lebt, wo er bald dozieren wird. (...) Du kannst Dich darauf gefaßt machen, den größten, vielleicht einzigen jetzt lebenden eigentlichen Philosophen kennenzulernen, der nächstens, wo er öffentlich auftreten wird (in Schriften sowohl als dem Katheder), die Augen Deutschlands auf sich ziehen wird. Er geht, sowohl seiner Tendenz als seiner philosophischen Geistesbildung nach, nicht nur über Strauß, sondern auch über Feuerbach hinaus, und letzteres will viel heißen." Einen solchen Mann habe er sich immer als Lehrer gewünscht, schreibt Hess und nennt nun auch den Namen des hochgelobten Philosophen: „Dr. Marx, so heißt mein Abgott, ist noch ein ganz junger Mann (etwa 24 Jahre höchstens alt), der der mittelalterlichen Religion und Politik den letzten Stoß versetzen wird; er verbindet mit dem tiefsten philosophischen Ernst den schneidendsten Witz; denke Dir Rousseau, Voltaire, Holbach, Lessing, Heine und Hegel in einer Person vereinigt; ich sage vereinigt, nicht zusammengeschmissen – so hast Du Dr. Marx."

Eher ironisch erwartet der junge Kölner Jurist Georg Jung jenen „Todesstoß" und ein entsprechendes – später scheiterndes – Zeitschriftenprojekt von Marx und seinen beiden „antitheologischen" Mitstreitern Bruno Bauer und Ludwig Feuerbach. „Dann mögen alle Engel sich um den alten Herrgott scharen", schreibt er einem Freund, „und er sich selber gnädig sein, denn diese drei schmeißen ihn gewiß aus seinem Himmel heraus und hängen ihm noch obendrein einen Prozeß an den Hals, Marx wenigstens nennt die christliche Religion eine der unsittlichsten."

Der Beginn der ärztlichen Praxis

In Köln eröffnet Andreas Gottschalk im Jahr 1842 eine ärztliche Praxis, nimmt auch wie schon zuvor chirurgische Eingriffe vor. Laut Bruder Salomon hat er sich dabei auf die Behandlung armer Patienten konzentriert, die er zum Teil auch kostenlos behandelt.

Im Juni operiert er einen gehunfähigen zehnjährigen Jungen aus Rath bei Deutz, der an hartnäckigen krampfartigen Schmerzen im verkrümmten rechten Bein leidet. Auch jetzt beschreibt er im „Organ für die gesammte Heilkunde" die von ihm vorgenommene Sehnen- und Muskeldurchschneidung und den Heilungsprozeß. Nach neun Wochen kann der Junge an Krücken wieder gehen, die Füße dabei wieder „aufheben und nach Belieben stellen, auch leicht und anhaltend stehen". Erleichtert konstatiert Gottschalk: „Sein allgemeiner Zustand ist so befriedigend, dass die Verwandten ihn kaum wiedererkannt zu haben versicherten." Er läßt sich weiter über den Zustand seines jungen Patienten informieren und hört im Oktober, daß er „ganz gerade stehen könne und sein Allgemeinbefinden vortrefflich sei".

Sympathisant der „Rheinischen Zeitung"

Hess, Jung und Marx, dessen Bonner Pläne scheitern, gehören zu den Gründungsmitgliedern einer Gruppe, die sich seit Beginn der vierziger Jahre „Kölner Kreis" nennt. David Oppenheim kommt hinzu, jüngerer Bruder von Abraham und Simon Oppenheim, der zwecks Zulassung zum juristischen Assessor-Examen zum Protestantismus konvertiert und den Vornamen Dagobert annimmt, die beiden Ärzte Heinrich Claessen und Karl D'Ester, aber auch junge Liberale wie der zukünftige Großunternehmer Gustav Mevissen. Sie alle eint die Kritik an der autoritären preußischen Politik, der sie nun publizistisch entgegentreten wollen. Auch Andreas Gottschalk, der bisher, wohl im Zuge des Aufbaus einer ärztlichen Praxis, im Hintergrund geblieben ist, nimmt Kontakt mit ihnen auf.

Im September 1841 schließen fünf Bevollmächtigte eines vorbereitenden Komitees, darunter Moses Hess und Dagobert Oppenheim, mit dem Kölner

Buchhändler und Verleger Joseph Engelbert Renard einen Vertrag zur Herausgabe der geplanten Zeitung ab. Als Schwiegersohn des Bankiers Johann Heinrich Stein hat Dagobert Oppenheim besten Zugang zu spendenbereiten Kölner Geschäftskreisen, die noch nicht ahnen, welches Kuckuksei da mit ihrer Finanzhilfe ausgebrütet wird. Mit der Unternehmensform der Kommanditgesellschaft hat man die für Aktiengesellschaften vorgeschriebene staatliche Genehmigungspflicht umgangen. 30.000 Taler sind zusammengebracht, und die kapitalkräftigsten Kölner Großbürger gehören zu den Aktionären, darunter Ludolf Camphausen und sein Bruder Otto, zukünftiger Ministerpräsident der eine, zukünftiger Finanzminister der andere.

Im Kölner Casino finden im Dezember Versammlungen der Aktionäre statt. Zum finanziell haftenden „Geranten" wählt man Renard, Kogeranten werden Jung und Dagobert Oppenheim. Andreas Gottschalk führt in der Generalversammlung das Protokoll. In den Aufsichtsrat wird er nicht gewählt, erhält allerdings 17 Stimmen, drei mehr als sein Freund Moses Hess, dessen Streben nach der Position des Chefredakteurs von liberaler Seite wegen seiner „kommunistischen Auffassungen" vereitelt wird. Diese Position gewinnt nach mancherlei Hin und Her der 24jährige Karl Marx. Unter seiner Leitung gewinnt das Blatt überregionale Bedeutung. Die Zensurbehörde nennt seine Organisation „die Diktatur Marx". Der eher hilflose Kölner Zensor Laurenz Dolleschall hat mit dem Verbot von Artikeln alle Hände voll zu tun. Schon vorher hatte er weit über die Domstadt hinaus Heiterkeit erregt, als er der liberalen Kölnischen Zeitung die Annonce für eine Übersetzung von Dantes „Göttlicher Komödie" mit der Bemerkung gestrichen hatte: „Mit göttlichen Dingen soll man keine Komödie treiben." Seine Nachfolger ziehen sich das Mißfallen der Obrigkeit zu, weil sie die Redakteure der Rheinischen Zeitung eher warnen als maßregeln. Artikel von Marx über die soziale Not der Moselwinzer erregen den Zorn des Oberpräsidenten Eduard von Schaper. Friedrich Wilhelm IV. klagt über die „Königsberger Schandzeitung und ihre Hurenschwester am Rhein". Im Januar 1843 bringt Marx das Faß zum Überlaufen, als er auf diesen Schlag unter die Gürtellinie mit dem Satz kontert, in der Zensur liege „sicherlich die tiefste Unsittlichkeit". Die Regierung reagiert mit einem Verbot, das am 1. April in Kraft treten soll. Überall im Rheinland kommt es zu Protesten. In Köln unterzeichnen 119 Bürger, darunter Regierungsräte, Ärzte, Literaten und Unternehmer eine entsprechende Petition, in der sie unter Verweis auf die offiziell geltende, wenn auch stark eingeschränkte Pressefreiheit die Rücknahme des Verbots fordern. Auch Gottschalk, Sympathisant des Blattes seit seiner Gründung, schließt sich dieser Forderung an, die freilich trotz des Rückzugs von Marx aus der Redaktion nicht von Erfolg gekrönt wird.

Marx als gefesselter Prometheus (1843)

Hinwendung zum Protestantismus

In den kommenden Monaten reift in Andreas Gottschalk der Entschluß, in die evangelische Kirche einzutreten. Was bewegt ihn dazu. Berufliche Erwägungen? Eine neu gewonnene religiöse Überzeugung? Haben ihn Konversionen Anderer angeregt?

Eingeschränkte Berufsperspektiven

Der junge Doktor der Medizin hat sein wissenschaftliches Interesse durch Veröffentlichungen und seine Mitgliedschaft in der „Gesellschaft für medizinische und Naturwissenschaften in Brüssel" bewiesen. In Bonn wurde er zudem noch Magister der Philosophie. 1849 wird er eine wissenschaftliche Laufbahn anstreben. Erwägt er sie auch jetzt schon? Wegen seiner Religionszugehörigkeit hätte er da allerdings im Jahre 1843 kaum Chancen. Erst 16 Jahre später wird der erste Jude in Deutschland Professor werden.

Im Vorjahr hatte der Fall des promovierten jüdischen Marburger Dozenten Joseph Karl Friedrich Rubino Aufsehen erregt. Seine Bewerbung um eine Professur war vom Senat der Universität mit der Begründung zurückgewiesen worden, man müsse „das christliche Prinzip der academischen Corporation gegen jedes Präjudiz" wahren und die „unangenehmste Collision oder wenigstens Inconvenienzen, wie namentlich bei der Wahl zum Prorektor und bei der Richterqualität der Senats- und Deputationsmitglieder", vermeiden. Rubino zog daraus die Konsequenz und ließ sich in die evangelische Kirche aufnehmen. Nun stand seiner Professur nichts mehr im Wege. Nicht nur im Blick auf eine solche Position, sondern auch auf die eines städtischen Armenarztes hätte Gottschalk nach einer Konversion bessere Chancen. In Köln sind allerdings alle fünf Stellen zur Zeit besetzt.

Hängt sein Wunsch zu konvertieren vielleicht auch mit der weit verbreiteten Judenfeindschaft zusammen? Gar mit jüdischem Selbsthaß? Der ihm politisch nahestehende Marx, der aus familiären Gründen kirchlich heiratete, wäre jetzt ein stimulierendes Beispiel. In seinem Abituraufsatz („Über die Vereinigung der Gläubigen mit Christo") hatte Marx sich zum letzten Mal positiv über die Religion und ihre Anhänger geäußert. Jetzt, im März 1843, schreibt er einem Freund: „Ich bin schon über sieben Jahre verlobt, und meine Braut hat die härtesten, ihre

Gesundheit fast untergrabenden Kämpfe für mich gekämpft, teils mit ihren pietistisch-aristokratischen Verwandten, denen der ‚Herr im Himmel' und der ‚Herr in Berlin' gleiche Kultobjekte sind, teils mit meiner eigenen Familie, in der einige Pfaffen und andre Feinde von mir sich eingenistet haben." Dennoch läßt er sich im Juni in Bad Kreuznach noch evangelisch trauen, vor allem mit Rücksicht auf seine dort wohnende verwitwete Schwiegermutter. Danach aber rechnet er endgültig mit aller Religion ab. Sie sei der hilflose „Seufzer der bedrängten Kreatur, das Gemüt einer herzlosen Welt, der Geist geistloser Zustände" – und als Heiligenschein des Jammertals „Opium des Volkes". Geradezu haßerfüllt reduziert er das Judentum in seinem Aufsatz „Zur Judenfrage" ohne Berücksichtigung des in Armut lebenden europäischen Proletariats auf die schmale Schicht der „Wucherer", die er als Exempel für kapitalistische Ausbeutung anprangert. Katechismusartig fragt er: „Welches ist der weltliche Grund des Judentums?" Seine Antwort: „Das praktische Bedürfnis, der Eigennutz." In diesem Stil fährt er fort: „Welches ist der weltliche Kultus der Juden? Der Schacher. Welches ist sein weltlicher Gott? Das Geld. Nun wohl! Die Emanzipation vom Schacher und vom Geld, also vom praktischen, realen Judentum wäre die Selbstemanzipation unserer Zeit."

Marx scheint Gottschalk, der ihm politisch durchaus nahesteht, in dieser Hinsicht nicht beeinflußt zu haben. Anders dagegen verhält es sich offensichtlich mit Texten von Heinrich Heine.

Heinrich Heine

1825 hatte sich Harry Heine taufen lassen und die Vornamen Johann Christian Heinrich angenommen. Zwar konnte er gelegentlich von der Taufe als „Eintrittsbillet" in die europäische Kultur sprechen, doch seine Verbundenheit mit dem Protestantismus reichte viel tiefer. 1840 veröffentlichte er seine zehn Jahre zuvor geschriebenen „Briefe aus Helgoland", in denen er das Christentum als kosmopolitische Entgrenzung des Judentums interpretierte: „Moses gab dem Geiste gleichsam materielle Bollwerke gegen den realen Andrang der Nachbarvölker; rings um das Feld, wo er Geist gesäet, pflanzte er das schroffe Zeremonialgesetz und eine egoistische Nationalität als schützende Dornenhecke. Als aber die heilige Geistpflanze so tiefe Wurzeln geschlagen und so himmelhoch emporgeschossen, daß sie nicht mehr ausgereutet werden konnte, da kam Jesus Christus und riß das Zeremonialgesetz nieder. (...) Er berief alle Völker der Erde zur Teilnahme an dem Reiche Gottes, das früher nur einem einzigen auserlesenen Gottesvolke gehörte, er gab der ganzen Menschheit das jüdische Bürgerrecht."

Die Frage, ob nicht erst Paulus diesen „Kosmopolitismus" verkündigt hat, läßt Heine ähnlich wie später Gottschalk außer Acht. Wichtig ist ihm die Quintessenz, die bei ihm schon 1828 in den „Englischen Fragmenten" in den Lobpreis der Frei-

Heinrich Heine (1797-1856)

heit, der Liebe und der „Religion für die Armen" mündet, die sich seit der französischen Revolution auf der Basis der Vernunft in Europa offenbart: „Die tiefste Wahrheit erblüht nur in der tiefsten Liebe und daher die Übereinstimmung in den Ansichten des älteren Bergpredigers, der gegen die Aristokratie von Jerusalem gesprochen, und jener späteren Bergprediger, die von der Höhe des Konvents zu Paris ein dreifarbiges Evangelium herabpredigten, wonach nicht bloß die Form des Staates, sondern das ganze gesellschaftliche Leben nicht geflickt, sondern neu umgestaltet, neu begründet, ja neu geboren werden sollte." Die Vernunft – so Heine – ist dabei „eine unaufhörliche Offenbarung, welche sich in jedem Menschenhaupte wiederholt." Sie muß „noch weit vorzüglicher sein als jene überlieferte Offenbarung, die sich nur in wenigen Auserlesenen bekundet und von der großen Menge nur geglaubt werden kann."

Der Einfluß französischer Sozialisten

Bereits während seines Studiums hatte Andreas Gottschalk die Ursachen des gesellschaftlichen Elends zu ergründen gesucht. Später wird im Nachruf erwähnt werden, daß er sich dabei besonders an französischen Sozialisten orientierte, die in nicht geringem Maße durch religiöse Ideen, ja sogar durch eine Art christlichen Messianismus geprägt waren.

32

Für den 1760 geborenen Claude-Henri Graf von Saint-Simon waren die Arbeiter in der Zeit des aufkommenden Industrialismus „die einzige Quelle aller Güter und allen Wohlstands". Zu ihnen zählte er nicht nur Handwerker und Landwirte, sondern auch Künstler und Gelehrte. Dem Staat falle die Aufgabe zu, das Elend der ärmeren Schichten zu bekämpfen. Dabei solle die christliche Religion „die Gesellschaft zu dem großen Ziel einer baldmöglichen Verbesserung des Schicksals der ärmsten Klasse hinführen". In seiner Schrift „Le Nouveau Christianisme" erklärte er 1825, ursprüngliches Ziel des Christentums sei die Vernichtung der Sklaverei gewesen. Nun gehe es darum, eine Organisation zu schaffen, die allen Menschen zu einem sicheren Arbeitsplatz, zu Bildung und Chancengleichheit verhelfe. Den Grundsatz der Gleichheit sah Saint-Simon auch im Christentum verankert: „Gott hat gesagt: Alle Menschen seien Brüder. Alles, was heilig ist in der christlichen Religion, wird von diesem erhabenen Prinzip umfaßt."

Ausführlicher noch als Saint-Simon beschwor Etienne Cabet die soziale Bedeutung christlicher Prinzipien. Der Rechtsanwalt, ehemals Führer einer revolutionären Geheimorganisation und nach 1830 kurzfristig Parteigänger des „Bürgerkönigs" Louis Philippe, hatte während seiner fünfjährigen Londoner Exilzeit, angeregt durch Thomas Morus' „Utopia", eine Sozialutopie entworfen. 1839 war in Paris sein vielbeachtetes Werk „Die Reise nach Ikarien" erschienen, in der er für eine kommunistische Gesellschaft auf der Basis christlich motivierter Gütergemeinschaft warb. Jesus Christus habe sie schon im Kreise seiner Schüler eingeführt und „allen Menschen dringend empfohlen" – nicht durch Ermordung der Reichen, sondern durch ihre Bekehrung.

Der Schriftsetzer Pierre-Henri Leroux propagierte ebenfalls Gütergemeinschaft und praktizierte sie in seiner eigenen Druckerei. Heinrich Heine erlebte ihn in Paris als äußerst sensiblen Menschen: „Er ist nicht bloß ein denkender, sondern auch ein fühlender Philosoph, und sein ganzes Leben und Streben ist der Verbesserung des moralischen und materiellen Zustandes der unteren Klassen gewidmet." Die in Frankreich gefeierte Gleichheit vor dem Gesetz war für Leroux bloßer Schein, weil sie die strukturelle Ausbeutung nicht beseitigte, deren Bekämpfung Leroux 1831 in seiner Schrift „Trois discours sur la situation actuelle de la societé de l'esprit humaine" im Namen der Vernunft und der christlichen Menschenliebe forderte: „Jesus jagte die Händler aus dem Tempel. Heute sind es die Händler, die Jesus aus dem Tempel gejagt haben." Die Gesellschaft tanze um das Goldene Kalb: „Es ist das Gold, das regiert, das Geld; das ist Dreck, Erde, Mist." Das Eigentum habe den Platz der Religion eingenommen und überwuchere alles wie Unkraut. Leroux glaubt erkannt zu haben: „Als es noch eine Religion und eine Gesellschaft gab, existierte das Eigentum mit der Sanktion dieser Religion und dieser Gesellschaft. (...) Indem es heute aber dieses Schutzes und dieser Sanktion beraubt ist, ist es nur noch eine Tatsache ohne Recht und eine Art Plünderung der Armen durch die Reichen."

Sarkastisch bemerkt er: „Wenn man einen solchen Zustand in alle Ewigkeit auf-rechterhalten sollte, dann schlage ich der Nation vor, den Kult des Proletariers Jesus zu ersetzen durch den Kult des Gottes Plutos."

Gottschalks Konversion

Gottschalks spätere Veröffentlichungen werden die Nähe zu den religiösen Auffassungen Heinrich Heines und der französischen Sozialisten erkennen lassen. Dabei steht Heine der verfaßten Kirche und ihren „Pfaffen" meist ironisch-kritisch gegenüber. Auch Gottschalk muß sich nun bei seiner Konversion auf die real exis-tierende Kirche in Köln einlassen.

Der Aufnahme eines „jüdischen Proselyten" soll laut preußisch-protestanti-scher Kirchenordnung „ein gründlicher Unterricht in den Lehren der christlichen Religion vorhergehen". Die Dauer des Unterrichts hängt von dessen „Fähigkeit, Bildung und schon erlangten Kenntniß von den Religionswahrheiten" ab. 1820 hatte das Königliche Konsistorium zu Köln allen rheinischen Superintendenten mitgeteilt, die angestiegene Zahl der jüdischen Taufbewerber sei für die kirch-lichen Behörden bis hin nach Berlin ein Anlaß einzugreifen. Nun wurde anfäng-lich genau vorgeschrieben, wie Unterricht und Prüfung zu gestalten seien, dann aber die Anwesenheitspflicht für den Superintendenten bei der Taufe wieder aufgehoben und auch die zuvor verbotene Haustaufe wieder genehmigt, „damit Niemand von einer wiewohl unzeitigen Schüchternheit vom Übertritt zum Christenthum abgehalten werde". 1826 schließlich wurde den Superintendenten zur Kenntnis gebracht, „daß Sr. Majestät der König mittels Kabinetts-Ordre vom 12. September allergnädigst zu befehlen geruht haben: darauf zu achten, daß den Juden, die zum Christenthume übergehen wollen, darin keine Schwierigkeiten gemachet, vielmehr denselben dazu möglichst Vorschub geleistet werde." Drei Jahre später wurde sogar untersagt, Taufbewerber zu aufdringlich nach den Perso-nalien zu befragen, „weil dadurch der Übertritt zum Christenthum häufig erschweret werden dürfte".

Infolgedessen vollzieht der evangelische Pfarrer Karl Küpper Gottschalks Taufe am 20. Dezember 1844 ohne große Umstände, und er kann amtlich festhal-ten: „Der Übertritt erfolgte, nachdem sich Andreas Gottschalk durch fleißiges Studium der Propheten sowie der neutestamentlichen Schriften von der Gültigkeit des Christentums auf eine wahrhaft gründliche Weise überzeugt hatte. Er hielt seinen jüdischen Namen Andreas bei." Auch sein Bruder Salomon, ein Rechts-konsulent, der mit ihm zusammen am Elogiusplatz Nr. 4 wohnt, hat sich in diesem Jahr taufen lassen und zusätzlich den christlichen Namen Theodor angenommen. Den talmudgelehrten Vater wird die Konversion seiner beiden Söhne geschmerzt haben. Die Mutter ist bereits zwei Jahre zuvor gestorben.

Die Gemeinde, in die die beiden Brüder aufgenommen werden, ist durch das unermüdliche Wirken der Pfarrer Jakob Engels und Karl Küpper geprägt. Engels engagiert sich in der „Bibelgesellschaft" und der „Heidenmission", Küpper leitet eine „Höhere Töchterschule". Beide gründeten 1836 den „Cölner Jünglingsverein" und sahen dabei, ähnlich wie andere sozial oder karitativ orientierte protestantische Vereine in Preußen, die „Grundlage zum wahren Glück und Wohlsein des ganzen Lebens" darin, „einen ordentlichen, fleißigen, sittlichen und religiösen Wandel zu fördern". Das Heil der Juden liegt beiden Pfarrern besonders am Herzen.

Organisierte „Judenmission" wird meist im Rahmen der „Heidenmission" seit Jahrzehnten vor allem von London, Berlin, Basel und Elberfeld/Barmen aus betrieben. 1842 wurde auf Initiative von Küpper in Köln ein Missionsverein für Israel gegründet, der sich aus der „Rheinischen Missionsgesellschaft" zu lösen begann. Zwei Jahre später besteht der Vorstand dieses „Rheinisch-Westfälischen Vereins für Israel" aus den Pfarrern Engels und Küpper, dem Kölner Regierungs-rat Julius Grashof, einem Grafen, einem Generalleutnant und mehreren Pfarrern der rheinischen Kirche. 1845 heißt es im Jahresbericht des Vereins: „Wie die Hei-den-Mission ein Reizmittel für die erstorbene Christenheit ist, so ist sie auch ein Reizmittel für die Judenbekehrung." Im Gegensatz zu früheren Zeiten habe sich dabei inzwischen der alte Haß gegen die Juden allmählich „in Liebe des Erbar-mens" gewandelt. Ihre Bekehrung würde bewirken, daß „das Heil aufs Neue wieder von den Juden kommt".

Von Kontakten Andreas Gottschalks zu diesen oder anderen evangelischen Kreisen Kölns wird nichts bekannt. Innerlich und äußerlich ist er wohl zu weit von ihnen entfernt, wie die folgenden Jahre noch zeigen werden.

II. | **Der demokratische Aufbruch**

1846 widmet sich Andreas Gottschalk ganz dem Aufbau seiner ärztlichen Praxis. In disem Jahr ist Köln durch turbulente politische Ereignisse geprägt, vor allem durch die gewalttätigen Übergriffe des preußischen Militärs bei der im August im Schatten der Kirche Groß St. Martin stattfindenden „Martinskirmes". Als Sprecher einer die Ereignisse aufklärenden Bürgerinitiative gewinnt Franz Raveaux hier große Bedeutung. Gottschalk tritt in diesen Zusammenhängen nicht öffentlich in Erscheinung. Nur einmal mischt er sich deutlich erkennbar im Rahmen einer Ärzteversammlung in eine standespolitische Diskussion ein. Noch beschränkt sich sein Engagement auf sein spezifisches Berufsfeld. Erst im Frühjahr 1848 wird er die allgemein-politische Bühne betreten.

Lernprozesse

Die Bonner Ärzteversammlung

Die medizinische Sektion der „Niederrheinischen Gesellschaft für Natur- und Heilkunde" hat für den 12. bis 14. Juni 1846 eine Versammlung der in der Rheinprovinz praktizierenden Ärzte nach Bonn einberufen. Gottschalk reist mit zwei Kölner Kollegen dorthin, mit Dr. Roland Daniels und Dr. Karl D'Ester. Beide, die engen Kontakt mit Karl Marx pflegen, waren und sind sozial und karitativ aktiv: im 1845 gegründeten „Allgemeinen Hülfs- und Bildungs-Verein für Köln und Deutz", der wegen der von seiner Mehrheit vertretenen sozialistischen Anschauungen noch im selben Jahr verboten wurde; ferner im ebenfalls 1845 gegründeten „Verein zur Abhülfe augenblicklicher Noth", der in Köln innerhalb weniger Wochen 35.000 Portionen Suppe und über 100.000 Pfund Brot verteilte.

Die drei Ärzte hatten schon zuvor der Bonner Versammlung ihre Vorschläge eingereicht, die sie nun weiter erläutern und verteidigen. Generell setzen sie sich für eine Befreiung der Mediziner von der Vormundschaft von Justiz und Militär und für effektivere Unterstützung der Armen ein. Gleich zu Beginn propagiert Gottschalk das in der Rheinprovinz lebhaft verfochtene Prinzip uneingeschränkter Öffentlichkeit von Versammlungen. Sollte dies abgelehnt werden, möge man die wenigen von Professoren eingeladenen Studenten ebenfalls ausschließen, um nicht dem „Prinzip der persönlichen Begünstigung" Vorschub zu leisten. Beide Teile des Antrags fallen durch. Die Diskussion verschärft sich nach D'Esters Forderung, den Doktortitel allen Medizinern automatisch mit dem Staatsexamen zu verleihen; die Bildung zweier Klassen von Ärzten, promovierten und nichtpromovierten, hält er für falsch. Gottschalk verlangt dagegen die Abschaffung des Promotionszwangs; die Doktorwürde sei nur eine Steuer, die die Studenten den Professoren entrichten müßten. Daniels schließt sich Gottschalk an. Das Ganze sei nur eine Geld- und Prestigefrage, ja eine Komödie. Hinfort solle es nur eine Klasse von Ärzten geben. Alle diese Anträge wie auch ein weiterer der Kölner, der die Besetzung von Professorenstellen nach freiem Wettbewerb zum Inhalt hat, kommen nicht einmal zur Abstimmung. D'Ester verläßt daraufhin mit „vielen der Anwesenden" – so die „Trierische Zeitung" – unter Protest die Versammlung.

Martinskirmes und Stadtratswahlen

Auf dem „Alter Markt", im Schatten der Kirche Groß St. Martin, stellt die traditionelle „Martinskirmes" im August eines der beliebtesten Volksfeste Köln dar. Doch im Jahr 1846 wird sie nach Steinwürfen einiger Jugendlicher zum Schauplatz blutiger Übergriffe von Polizei und Militär, denen auch viele unbeteiligte Bürgerinnen und Bürger zum Opfer fallen. Neben Schwerverletzten ist auch ein Toter zu beklagen, der Faßbindergeselle Heinrich Statz, dem Tausende auf dem Friedhof Melaten das letzte Geleit geben. Zur Empörung der Menschen erklärt die Militärführung, schuld an den Vorkommnissen seien allein gewalttätige Zivilisten. Der in Köln populäre Zigarrenhändler Franz Raveaux wird Wortführer einer Protestbewegung, die die Bildung unbewaffneter Bürgergarden zum Schutz der Bevölkerung und einer zivilen Untersuchungskommission durchsetzt, die nach Befragungen von Opfern und Augenzeugen einen beweiskräftigen Bericht vorlegt, der freilich von Militär und Regierung als unwahr oder übertrieben zurückgewiesen wird. Das Vertrauen in die Obrigkeit wird dadurch bei vielen Menschen in Köln erschüttert.

Franz Raveaux (1810-1851)

Die durch die Augustereignisse ausgelöste Politisierung wirkt sich im Herbst nun auch auf die Wahlen der Gemeinderäte aus. Als populäre Mitglieder eines Wahlkomitees fordern Franz Raveaux und Dr. Karl D'Ester gerechtere Steuern, Pressefreiheit und stärkere Unterstützung der Armen. Raveaux, dem der Regierungspräsident die Teilnahme an Wahlversammlungen untersagt hatte, wird mit großer Mehrheit in den Stadtrat gewählt. Die großbürgerlichen Liberalen erleiden eine Niederlage. Der Wirtschaftsmagnat und Handelskammerpräsident Ludolf Camphausen erreicht nur knapp seine Wiederwahl.

Das sozialistische „Kränzchen"

Andreas Gottschalk steht in Köln eher am Rande dieser Ereignisse. Auch zu Karl Marx und dessen politischen Freunden hat er in der Folgezeit nur sporadischen Kontakt. Dennoch ordnet die Regierung im Herbst 1847 bei ihrer Fahndung nach politischen Flugblättern auch bei ihm Haussuchungen an, die freilich weder Belastendes zu Tage fördern noch ihn einschüchtern. Am 5. September berichtet er seinem nach Brüssel emigrierten Freund Moses Hess davon und schreibt ihm: „Endlich ist's uns gelungen, ein Kränzchen hier einzurichten, das nach meinem Geschmack ist, und zwar durch Annekes; zweimal in der Woche kommen wir zusammen, und lesen und singen und disputieren, auch versteht sich von selbst, treiben wir den Detailhandel der Propaganda." Zum Schluß grüßt er Hess' Frau Sybille, eine ehemalige Kölner Hutmacherin, und den nach seiner Vertreibung aus Paris ebenfalls in Brüssel lebenden Marx „und unsere Freunde".

1846 hatte Marx im Brüsseler Exil eine Informationszentrale für die sozialistische und demokratische Bewegung in Europa gegründet. Damit wollten er und sein Freund Friedrich Engels zugleich Einfluß auf den von Handwerksgesellen gebildeten geheimen „Bund der Gerechten" nehmen. Dabei betonte er – so schrieb Hess einem Freund – , von der Verwirklichung des Kommunismus könne „zunächst nicht die Rede sein". Zuerst müsse die Bourgeoisie ans Ruder kommen. Marx und Engels regten 1847 einen „Bund der Kommunisten" an, der im Juni mit dem Motto „Proletarier aller Länder, vereinigt euch!" ins Leben trat. Im selben Monat gründeten sie den Brüsseler „Deutschen Arbeiterverein". Hier also leben die Leute, denen Gottschalk freundschaftlich nahesteht. Gegen Jahresende bildet sich in Köln eine Gemeinde des in London gegründeten Bundes, in die der aus Brüssel anreisende Moses Hess auch seinen Freund Andreas Gottschalk aufnimmt.

Mathilde Franziska und Fritz Anneke

Gottschalk hat das Ehepaar Anneke, das sehr bald zu seinen engsten Freunden gehört, im Sommer 1847 kennengelernt. Beide stammen aus Westfalen, sie aus einem Ort bei Sprockhövel, er aus Dortmund. Mathilde Franziska, geb. Giesler hatte sich nach einer unbeschwerten Kindheit und der nachfolgenden, durch Fehlspekulationen des Vaters verursachten Verarmung der Familie nach kurzer Heirat von einem reichen, aber trunksüchtigen Edelmann scheiden lassen. Der 22jährigen Alleinerziehenden hatte der Scheidungsprozeß die Augen über die politische Wirklichkeit in Preußen geöffnet. In Münster begann sie publizistisch tätig zu werden, veröffentlichte Almanache mit Gedichten von Nikolaus Lenau und Ferdinand Freiligrath, verfaßte Artikel für die „Augsburger" und die „Kölnische Zeitung" und ein Theaterstück, das in Münster aufgeführt wurde. Weil sie hier an Versammlungen eines Demokratischen Vereins teilnahm, wurde sie in konservativen Kreisen bald als „Kommunisten-Mutter" beschimpft. Diesem Verein gehörte auch der ehemalige Leutnant Fritz Anneke an. Er hatte es abgelehnt, sich mit einem verlogenen Offizier zu duellieren, hatte Duelle als „kindisch" und als Ausdruck von „Standesdünkel" bezeichnet und war deshalb, eigentlich aber wegen seiner demokratischen Gesinnung, „unehrenhaft" aus dem preußischen Heer entlassen worden.

Beide heirateten und ließen sich im Juni in Köln nieder. Fritz Anneke findet eine Anstellung als Sekretär bei der Feuerversicherungsgesellschaft „Colonia". Andreas Gottschalk hilft ihnen über ihre finanziellen Anfangsschwierigkeiten

Mathilde Franziska Anneke (1817-1884)

hinweg. Freunde besorgen Möbel. Gottschalk und D'Ester führen sie in die Gesellschaft „Eintracht" ein, in der Liberale und Kommunisten gemeinsam agieren. Fritz Anneke lernt hier Franz Raveaux kennen und ist höchst beeindruckt von ihm. Raveaux war in jungen Jahren aus dem preußischen Heer desertiert, hatte im spanischen Erbfolgekrieg auf Seiten der Liberalen gekämpft, nach seiner Rückkehr den Karneval politisiert, im Kölner Stadtrat den Honoratiorenklüngel bekämpft und durch sein soziales Engagement Ansehen in der Bevölkerung erlangt.

Im September 1847 schreibt Mathilde Anneke ihrer Mutter und ihren Geschwistern einen Brief, in dem sie sich ähnlich wie Gottschalk über das mit ihm zusammen gegründete „Kränzchen" und hier besonders die junge Dichterin Emilie von Bunteschuh äußert: „Wir sehen uns täglich, haben zusammen wöchentlich zweimal ein ästhetisches Kränzchen von lauter Communisten. Ha! Münster bekommt ein Schaudern; hier sind die Communisten sehr beliebte Leute." Der Barbier Engelbert Bedorf, der Schuster Heymann und der bei der Rheinischen Eisenbahn angestellte Poet Dr. Nikolaus Hocker – später Mitglieder des Kölner Arbeitervereins – gehören ebenfalls diesem Zirkel an. Im Dezember kommt der wegen seines Eintretens für Anneke in Ungnade gefallene Kompaniechef August von Willich hinzu, der nach seiner Strafversetzung und nachfolgendem Ausscheiden aus dem Heer nach Köln umgesiedelt ist.

Die kommunistischen Freunde

Auch Willich wird nun Mitglied der Kölner Gemeinde des Bundes der Kommunisten. Seine Freunde geben ihm zu ehren ein „kommunistisches Festessen", an dem 50 Gesinnungsgenossen, in der Mehrzahl Handwerker, teilnehmen. Um dem arbeitenden Stand möglichst nahe zu sein, geht er bei einem Bauschreiner in die Lehre. Sein Verzicht auf militärische Privilegien macht laut Fritz Anneke einen „gewaltigen Eindruck auf die Handwerker". Karl D'Ester und Roland Daniels rücken aus beruflichen Gründen etwas an den Rand dieses Kreises. D'Ester hat inzwischen ein Gemeinderatsmandat samt den damit verbundenen Arbeitsverpflichtungen in verschiedenen Kommissionen und Deputationen übernommen, besonders im Bereich der Armenfürsorge. Daniels wird, wie D'Ester vor ihm, städtischer Armenarzt. Er ist nun zuständig für den Bereich der Pfarrgemeinde St. Mauritius, einen der 14 Kölner Armenbezirke. Viele Menschen kennen ihn noch aufgrund seiner unermüdlichen sozialen Tätigkeit in den vergangenen Hungerjahren. Gottschalk steht nicht in städtischen Diensten. Er hat seine freiberufliche Arztpraxis und seine Wohnung seit kurzem in der Röhrergasse Nr.12 in unmittelbarer Nähe des Appellationsgerichtshofes, mit dem er sehr bald in Berührung kommen wird.

Während er in dieser Zeit noch eher pragmatisch agiert, machen Marx und Engels im Dezember 1847 ihren politischen Standpunkt zur Maxime. Auf dem zweiten Kongreß des Bundes der Kommunisten in London werden unter Marx' Ägide endgültige Statuten angenommen: Ziel sei „der Sturz der Bourgeoisie, die Herrschaft des Proletariats, die Aufhebung der alten, auf Klassengegensätzen beruhenden bürgerlichen Gesellschaft und die Gründung einer neuen Gesellschaft ohne Klassen und ohne Privateigentum". Marx und Engels erhalten den Auftrag, ein neues Grundsatzprogramm zu schaffen – das „Kommunistische Manifest", das im Februar 1848 in London erscheint. Darin wird betont, daß die bürgerliche Revolution einer erst heranwachsenden proletarischen vorausgehen müsse. Nach Ausbruch der Februarrevolution in Frankreich verschafft sich Marx nahezu diktatorische Vollmachten als Leiter der Zentralbehörde des Bundes.

Die Märzbewegung in Köln

Die „Kölnische Zeitung" berichtet am 25. Februar über Unruhen in Paris. Einen Tag später bringt das Blatt die sensationelle Nachricht, nach Barrikadenkämpfen in Paris sei der Thron des französischen Königs Louis Philippe öffentlich verbrannt und Frankreich zur Republik erklärt worden. In Mannheim fordern Demokraten Grundrechte und die „sofortige Herstellung eines deutschen Parlaments". Gustav Mevissen, Mitgründer der Rheinischen Zeitung und jetzt liberaler Wortführer beim Rheinischen Provinziallandtag, sieht in Köln „alles in höchster Bewegung". Der württembergische Demokrat Wilhelm Zimmermann, Verfasser einer Geschichte des Deutschen Bauernkriegs und wenig später Mitglied der Deutschen Nationalversammlung, ist hier Augenzeuge. „In der rheinischen Hauptstadt", so erinnert er sich, „waren Jubel und Bestürzung gleich groß. War doch Köln einst eine französische Stadt, noch herrschte da französisches Gesetz, und französische Sympathien waren da zwar nicht überwiegend, aber doch nicht ganz erloschen. Die Republik in Frankreich! Ein Blusenmann unter den Häuptern der Regierung! Gleichheit und Brüderlichkeit! Das war für das Kölner Volk zum Entzücken, und die Marseillaise spielte in allen Caféhäusern mit Gesangbegleitung. Umsonst zischten andere darein und ließen zur Sühne das ‚Heil dir im Siegerkranz' spielen, aber die Musik wurde ausgepfiffen, sie mußte verstummen. Betroffen, Lots Salzsäule gleich, standen die sonst sichersten und erhabensten Leute, die Kaufleute, Banquiers, die Besitzenden, die Personen der feinen Bildung."

Die ganze Rheinprovinz wird in den nächsten Tagen von einer fast rauschhaften Begeisterung ergriffen. Forderung nach einer freien Verfassung, nach Volkssouveränität und nach Verwirklichung der ersehnten deutschen Einheit werden laut. Besorgt schreibt Gustav Mevissen dem Aachener Unternehmer David Hansemann: „Hier ist die Stimmung der niederen Volksklassen der Art, daß ich glaube, daß innerhalb weniger Tage die Stände der Rheinlande der Regierung ihre volle Unterstützung anbieten müssen, wenn zeitig den Wühlereien der Kommunistencliquen vorgebeugt werden soll." Der Rechtsruck der Liberalen macht deutlich, daß es um die von Marx und Engels erhoffte bürgerliche Revolution als Vorstufe schlecht bestellt ist.

Der Kreis um Gottschalk, Anneke und Willich trifft sich Ende Februar und Anfang März in dem als Versammlungsraum eingerichteten Pferdestall eines Gastwirts in der Probsteigasse, in dem sich laut Bericht eines Spitzels rund 130 Personen, überwiegend Handwerker, zu politischer Aufklärung und Vorbereitung kommender Aktionen zusammenfinden. Da braut sich etwas zusammen, das spürt auch der Unternehmer und Bankier Heinrich Merkens. „Lieber Freund! Die Vulkane rauchen stärker und stärker!" schreibt er am Morgen des 3. März an Ludolf Camphausen, inzwischen Mitglied des Vereinigten Landtags in Berlin.

Der Gemeinderat diskutiert dann am Nachmittag des 3. März einen Petitionsentwurf. Der Vereinigte Landtag soll rasch einberufen, die Zensur aufgehoben und die Deutsche Bundesverfassung durch Einbeziehung einer Volksvertretung erweitert werden. D'Esters Antrag auf Gewährung einer Verfassung mit umfangreichem Wahlrecht und Freiheit des Versammlungsrechts wird „für jetzt noch" abgelehnt, Raveaux' Forderung nach allgemeiner Bewaffnung des Volkes und Verminderung des stehenden Heeres garnicht erst diskutiert. Beide verweigern daraufhin zusammen mit zwei weiteren Gemeinderäten die Unterschrift unter die Petition.

Andreas Gottschalk und die „Forderungen des Volkes"

Inzwischen haben sich ungefähr 5.000 Menschen, überwiegend Handwerksgesellen in Sonntagskleidung, mit Gottschalk, Fritz Anneke, Willich und Hocker an der Spitze vor dem Rathaus versammelt, um den Gemeinderat zur Annahme von sechs „Forderungen des Volkes" zu bewegen, die als Flugblätter bereits von Hand zu Hand gehen:

„1. Gesetzgebung und Verwaltung durch das Volk. Allgemeines Wahlrecht und allgemeine Wählbarkeit in Gemeinde und Staat.
2. Unbedingte Freiheit der Presse.
3. Aufhebung des stehenden Heeres und Einführung einer allgemeinen Volksbewaffnung mit den vom Volke gewählten Führern.
4. Freies Vereinigungsrecht.
5. Schutz der Arbeit und Sicherstellung der menschlichen Lebensbedürfnisse für alle.
6. Vollständige Erziehung aller Kinder auf öffentliche Kosten."

Als siebter Punkt findet sich auf einigen Exemplaren noch die Forderung „Friede mit allen Völkern".

Ein Teil der Menschenmenge dringt nun in die Vorhalle des Rathauses. Gottschalk erreicht den Oberbürgermeister Johann Anton Steinberger im Rathaussaal und erhält die Erlaubnis, dem Gemeinderat seine Petition vorzutragen. „Seit 32 Jahren", so beginnt er, „erfreuen wir uns der Segnungen des Friedens, und Tausende verhungern. Doch das Reich der Lüge und der Heuchelei ist am Ende. Das Licht, welches im Westen so herrlich aufgegangen, es hat auch hier die Herzen erwärmt und entzündet, und das Volk, zum Bewußtsein seines Rechts erwacht, hat mir den ehrenvollen Auftrag erteilt, Ihnen, meine Herren, die Wünsche vorzutragen, ohne deren Befriedigung die Ruhe in das bürgerliche Leben nicht wieder einkehren wird, und im Vertrauen auf ihre Humanität, Sie zu bitten, dieselben zu den Ihrigen zu machen."

Sodann trägt er die sechs Forderungen des Volkes vor und spricht sogleich vom Schutz der Arbeit: „Heißt es Ungerechtes verlangen? Hat ja doch das Tier seine Nahrung und sein Lager und wir, Menschen, denen nur der Tod einen Feiertag der drückendsten Mühen gewährt, wir sollten nicht verlangen dürfen: daß Schutz unserer Arbeit werde vor der Ausbeutung durch das Capital?" Er fordert die Sicherstellung der Grundbedürfnisse und fragt: „Sind wir weniger wert als das Vieh, das man seinem Eigenthümer durch Versicherungen schützt? (...) Sie wollen die Abschaffung der Armut – sie ist ja eine nicht eben angenehme Begleiterin des Reichthums. Manche Ihrer Maßnahmen bezweckten wenigstens eine Milderung derselben. Aber alle werden nutzlos, weil unzureichend, und verloren bleiben, wenn Sie nicht die Armut an ihrer Quelle angreifen und vernichten." Alles komme auf die „Erziehung und Ausbildung der arm Geborenen" an. Die aber sei unzureichend, von Armenschulen und Waisenhäusern ganz zu schweigen, in denen die Kinder eher abgerichtet würden. Der Gemeinderat solle sich deshalb auch nicht darüber wundern, daß so abgerichtete Menschen „brotlos werden und elendiglich verkommen, wenn eine Maschine erfunden worden ist, die die rohe Arbeit derselben sechshundertfältig ersetzt". Abschließend wirbt Gottschalk beim Gemeinderat um Zustimmung „im Namen jenes würdigsten aller Stände, der für den Schweiß seiner Arbeit nicht hat, womit seine Blöße zu decken oder seinen Hunger zu stillen". Er plädiert für Gerechtigkeit, rät zur Klugheit, „denn des Zunders ist allerwärts so viel aufgehäuft", und fordert schließlich: „Machen Sie unser Gesuch zu dem Ihrigen!"

Inzwischen sind viele Menschen in den Saal gekommen und spenden ihm stürmischen Beifall. Der Oberbürgermeister erklärt, man habe bereits eine Petition vorbereitet, er werde aber eine neue Beratung veranlassen. Einige rufen: „Jetzt beraten, das Bitten ist vorbei, wir fordern, wir lassen uns nicht anführen!" Gottschalk beruhigt die Leute und versichert dem Gemeinderat: „Wir werden mit ruhiger Geduld der Beschlüsse Ihrer Weisheit harren, welche es auch immer sein mögen." Die versammelte Menge bittet er, sich unbedingt und sofort zurückzuziehen. Sonst würde man „den Schein geltend machen, als habe der Gemeinderath unter Zwang berathen." Seine Bitte wird erfüllt, und draußen auf dem Platz diskutieren Anneke, Willich und Andreas Gottschalks Bruder Salomon Theodor mit den Menschen. Einige rufen: „Die Fremden nehmen uns die Arbeit weg!" Willich entgegnet, alle Menschen seien Brüder, die Arbeit müßte gerecht verteilt werden.

Im Rathaus wird Gottschalk eingeladen, an der erneuten Beratung des Gemeinderats teilzunehmen. Oberbürgermeister Steinberger schlägt vor, neben der Petition des Gemeinderats auch die von ihm vorgelegte befürwortend an den

Andreas Gottschalk (1815-1849), Gemälde von Wilhelm Kleinenbroich im Kölnischen Stadtmuseum

Landtagsabgeordneten Ludolf Camphausen weiterzuleiten. Gottschalk lehnt das ab; die vom Gemeinderat verlangte Ablehnung der Zensur reiche nicht aus: „Aufhebung der Zensur kann auch eine Preßfreiheit mit einem sehr strengen Preßgesetz, hohen Cautionssummen und so weiter sein, und eine solche Preßfreiheit scheint uns durchaus nicht wünschenswerth." D'Ester pflichtet ihm bei und erklärt, er habe eine solche Interpretation verbindlich im Protokoll vermerken lassen. Gottschalk fragt: „Sie werden also Seiner Majestät mit Ihrer Petition auch Ihr Protokollbuch als Commentar überreichen wollen?" Die Frage bleibt unbeantwortet. Statt dessen wirft ihm der Bankier Abraham Oppenheim vor, er wolle die Republik, und das ginge zu weit. „Wir wollen die Monarchie," erwidert er, „aber die Monarchie mit demokratischer Grundlage, mit Betheiligung des ganzen Volkes an der Gesetzgebung und Vertretung. Es ist dies eine Forderung der einfachen, gemeinen Gerechtigkeit; ist ja doch die Wehrpflicht und die Steuerlast mehr als eine allgemeine, und warum sollte das Volk die Gesetze nicht schaffen helfen, die es mit Gut und Blut vertheidigen soll? Was wir aber nicht wollen, ist eine auf dem Geldbesitz beruhende Verfassung (...); was wir nicht wollen, ist die Herrschaft einer Oligarchie, einer Camarilla, der Börsenmänner und Geldspekulanten, damit wir nicht, wie die Franzosen, eine Revolution zu machen haben, um uns von ihr zu befreien und die gekränkte öffentliche Sittlichkeit zu sühnen." Eine kühne Formulierung, die die Forderungen sämtlicher Opfer der Aktiengesellschaften und des maroden Kölner Baugewerbes auf einen Nenner bringt.

Der Arzt Heinrich Claessen, vormals Aktionär und Aufsichtsratmitglied der Rheinischen Zeitung, wirft Gottschalk vor: „Was Sie verlangen, würde uns in heillose Konflikte stürzen; es würde die Einheit Deutschlands zerstören, mit dem wir doch Hand in Hand gehen müssen." Der so Angegriffene widerspricht mit einem Verweis auf die Geschichte der Völker: „Was hat sie vernichtet, was hat den Jüdischen, den Römischen, die Griechischen und die Mittelalterlichen Staaten zerstört? Daß sich innerhalb derselben zwei Nationen gebildet hatten, die Nationen von Arm und Reich, von Noth und Gesittet, von Unglücklich und Glücklich. Natürlich: Wo der Arme kein anderes Interesse am Vaterlande hat als das Interesse seines Elends, da wird er es dem ersten besten Cäsar verkaufen, der ihm Brot und Spiele dafür bietet." Auch Gottschalk will die Einheit des Vaterlandes, auch er glaubt fest an die „große Zukunft des deutschen Volkes, an seine weltgeschichtliche Sendung". Aber für ihn ist das nur denkbar durch die Überwindung der Kluft zwischen Arm und Reich: „Sie erreichen dies nur, indem Sie eine Brücke hinüberbauen ins Proletariat; Sie erreichen dies nur, indem Sie mit Zurückhaltung Ihrer Standesvorurtheile dasselbe mit offener Brüderlichkeit umfangen und seine Kinder als die Ihrigen betrachten."

Nach dieser Stellungnahme wendet sich der Domherr und Schulinspektor Johann Jakob Broix an Gottschalk und kritisiert dessen sechste Forderung: „Sie sprechen von allgemeiner Staatserziehung; die haben wir schon." „Das preußische Erziehungswesen mag besser sein als manches andere," erwidert Gottschalk, „gut ist es nicht. Der sicherste Maßstab, daß ein Erziehungssystem nichts wert ist, ist eine so massenhafte Verarmung wie in unserem Lande. Tüchtig erzogene Menschen werden nur ausnahmsweise arbeits- oder erwerbslos. Die heutige Erziehung dagegen ist nur eine Abrichtung zu einem bestimmten Zweck, nicht eine freie Entwicklung aller menschlichen Fähigkeiten. Die Erziehung sollte aber wenigstens so einzurichten sein, daß der Mensch, dieses durch Anlagen und Kräfte so reiche Wesen, wohl im Stande bleibt, mit toten Maschinen zu konkurrieren."

Der „Kölner Fenstersturz"

Mitten hinein in die Diskussion ertönen von draußen zwei Trommelwirbel, und eine große Menschenmenge stürzt mit dem Ruf „Die Soldaten, sie haben schon einen erschossen!" herein. Hastig verlassen die Abgeordneten den Saal. Einer von ihnen ruft: „Lassen Sie uns nur alles gewähren, morgen können wir doch thun, was wir wollen!"

Was war geschehen? Vor dem Eingang des Rathauses war ein Bataillon Infanterie mit einigen Offizieren und Polizeibeamten an der Spitze erschienen und hatte den Platz besetzt. Die Menschen stürzten nach den beiden noch freien, aber sehr engen Ausgängen des Platzes, einige wurden niedergetreten. Gewiß wurden bei vielen dabei Erinnerungen an die blutige Martinskirmes des Jahres 1846 wach. Fritz Anneke und Willich baten den kommandierenden Offizier, die Menge nicht gewaltsam zu drängen. Daraufhin konnte Anneke den Platz noch ungehindert verlassen, Willich aber wurde verhaftet. Gleichzeitig verbreitete sich das Gerücht, man habe auch Gottschalk festgenommen.

Die Menschen im Rathaus fordern nun den Oberbürgermeister mit Erfolg auf, den Rückzug des Militärs zu veranlassen. Daraufhin verläßt die Menge den Saal. An eine Fortsetzung der gemeinsamen Beratungen ist allerdings nicht zu denken; denn der Gemeinderat ist nicht mehr beschlußfähig. Einer der Ratsherren hat sich im oberen Stockwerk im Stroh versteckt, ein anderer gar im Turm, und zwei weitere sind panikartig aus dem Fenster des Rathaussaales gesprungen, wobei sich der eine, Dr. Franz Nicolas Bourel, beide Beine brach.

Währenddessen findet im Harffschen Saale Am Domhof im Beisein von Anneke eine Bürgerversammlung statt, die der Rechtsanwalt August Nacken leitet, ein Schwager von Ludolf Camphausens Bruder August. Es gelingt ihm, Forderungen, die den von Gottschalk vorgeschlagenen nahekommen, abzuschwächen. Die Versammlung begibt sich schließlich mit Anneke an der Spitze ins Rathaus, um Willichs Freilassung zu veranlassen. Raveaux eilt deshalb mit einer Abordnung zum Oberpräsidenten Franz August von Eichmann. Im Rathaus wächst die Ungeduld zurückgekehrter Menschen. Einige wollen Willich gewaltsam befreien. Ein Polizeikommissar mit gezogenem Säbel will sie vertreiben. Steinberger ruft: „Ich bitte Euch flehentlich, Kinder, ich bitte euch auf den Knien: geht auseinander; der Stadtrath wird alles für Eure Wünsche thun, was in seinen Kräften steht." Doch die Menge weicht erst auf verstärkten militärischen Druck hin.

Der Unternehmer Gustav von Mallinckrodt informiert sich wenig später bei befreundeten Stadträten über das Geschehen und schreibt seinem Sohn mit feiner Ironie: „An Beruhigung war nicht zu denken, obschon nach dem Bürgermeister Raveaux sich viele Mühe gegeben. Die Stühle wurden zerbrochen, Fenster eingeschlagen und D'Ester, der (selbst Mitglied des Stadtrats, von dem man sagt, daß er die Bewegung hervorgerufen) nun finden mochte, daß ihm dieselbe über den Kopf gewachsen, soll gezittert haben wie Espenlaub." Den Beinbruch des ängstlichen Bourel („das eine gar zweimal") vermerkt Mallinckrodt ebenso wie die Panik der Menge auf dem Rathausplatz: „Ein Teil drang aber in das Stadthaus und in den Saal, rufend: ‚Ihr habt uns verraten; ihr wollt uns ermorden lassen!' Gleichzeitig brachte man auch einen Menschen für tot in den Saal und rief: ‚Bürgerblut geflossen, mit drei Bajonettstichen getötet!' Der Stadtrat beruhigte die Masse mit der Versicherung, daß ihnen nichts geschehen solle, sie sollten sich nur ruhig halten, und gleichzeitig wurde von den anwesenden Ärzten die Leiche untersucht, an der indes keine Wunde zu finden war, nur einige Quetschungen; und da sich auch noch Leben in derselben fand, so wurde sofort Anstalt getroffen, sie ins Spital zu schaffen. Auf der Straße, in der frischen Nachtluft, erholte sich der Mann indes von seiner tiefen Ohnmacht und lief bald darauf weg."

Reaktionen

Noch in der Nacht formuliert Regierungspräsident Karl Otto von Raumer eine mit scharfer Verurteilung des „Aufruhrs" verbundene Warnung an die Kölner Bevölkerung. Die Ruhe der Stadt sei in bedauerlicher Weise gestört worden. Eine Anzahl von Personen habe es gewagt, den Gemeinderat nicht mit Bitten, sondern mit Forderungen zu bestürmen. Der Rathausplatz habe von der Menge „gesäubert" werden müssen, einer der seit längerem bekannten „Rädelsführer" sei verhaftet worden. Eine gerichtliche Untersuchung dieses „in unserer Provinz unerhörten Attentats" werde folgen. „Die friedliebenden Bürger Kölns" – so von Raumer – „werden mit mir diese Verletzung des Gesetzes und der Ordnung beklagen. Die Behörden rechnen auf ihren Beistand; es wird die vereinte Kraft und Wachsamkeit Beider ferneres Unheil, was durch die Conspiration Böswilliger planmäßig vorbereitet wurde, von der Bevölkerung einer ruhigen, glücklichen Stadt mit Erfolg abzuwenden wissen."

Das Regierungsgebäude in Köln, 1844. Stahlstich von Ludwig Lange und Johann Poppel

Anderentags werden auch Gottschalk und Anneke wegen „Anreizung zum Aufruhr" und „Stiftung einer verbotenen Verbindung" verhaftet, Briefe und Papiere im Zuge der Hausdurchsuchung beschlagnahmt. Proteste des Gemeinderats an den Polizeidirektor bleiben erfolglos. Die Kölnische Zeitung kommentiert von Raumers Aufruf zustimmend, geißelt das „furchtbare Geschrei der tobenden Menge", die „unglaubliche Anmaßung und Gewaltsamkeit der Führer jener verblendeten Menge" und lobt jede „nur zu gerechte Entrüstung". Der Gemeinderat schlägt in seiner Bekanntmachung – wohl unter dem Einfluß von D'Ester und Raveaux – etwas mildere Töne im Blick auf die „peinlichen Ereignisse" an. Ihn tröstet die „in allen Klassen" geäußerte „Entrüstung über die Unordnungen" und die angebliche „Wahrnehmung, daß die an den gestrigen Ereignissen Beteiligten großenteils unserer Stadt völlig fremd waren". Ihn plagt aber die Sorge, in den kommenden Karnevalstagen könne „die Aufregung der Bevölkerung zu fremden und strafbaren Zwecken mißbraucht werden". Einige Zeitungen schlagen vergeblich vor, den Karneval ausfallen zu lassen und so dem Mainzer Beispiel zu folgen. Dort hatte man freilich die Parole ausgegeben: „Kein Karneval, sondern Preßfreiheit und Nationalbewaffnung!" In Köln verlaufen die närrischen Tage zur Erleichterung der betuchten Bürger friedlich. „Auf den Straßen trieben sich viele Masken herum, Soldaten waren an verschiedenen Straßenecken aufgestellt, und es fiel nirgendwo eine Unordnung vor", vermerkt die Stadtchronik.

Manche liberalen Vertreter des Großbürgertums sprechen zwar im Blick auf die von Gottschalk angeführte Demonstration von „Rädelsführern", „Pöbel" und „Kommunistencliquen", machen sich aber Forderungen wie die nach freiem Versammlungsrecht und unbedingter Pressefreiheit durchaus zu eigen. Aus dem politischen Freundeskreis von Gottschalk, Willich und Anneke gelangt eine anonyme Schrift an die Öffentlichkeit, die von Brocker-Everaerts, Kölns ältester Druckerei, hergestellt wurde. Ihr Titel: „Der sogenannte Aufruhr am 3. März 1848 zu Cöln – Authentische Darstellung." Das Verhalten der Obrigkeit wird hier als Ausdruck „feiger Brutalität" gegeißelt. Was Männer wie Gottschalk, Willich und Anneke gewollt hätten, seien „nicht die Freiheiten und Vorrechte eines Lehn-, Geld- und staatsgelehrten Adels, sondern die Freiheit für Alle". Nicht die Freiheit sei es, „die das Elend drohend umschleicht, sondern die Tyrannei". Anderthalb Jahre nach der blutigen Martinskirmes üben Kölner Bürger hier wiederum mit einer Dokumentation ungeschminkte Kritik an der politischen und militärischen Obrigkeit.

Engels' Genossenschelte

Von ganz anderer Art ist die Kritik, die Friedrich Engels in einem Brief an Marx äußert, der just am 3. März mit Frau und Kindern aus Belgien abgeschoben wurde und sich auf Einladung der französischen provisorischen Regierung nach Paris begeben hat. „Die Geschichte in Köln ist unangenehm", schreibt Engels. „Die 3 besten Leute sitzen. Ich hab' einen aktiven Teilnehmer an der Geschichte gesprochen. Sie wollten losschlagen, aber statt sich mit Waffen zu versehen, die leicht zu haben waren, gingen sie vors Rathaus, unbewaffnet, und ließen sich zernieren. Es wird behauptet, daß der größte Teil der Truppen für sie war. Die Sache war unvernünftig dumm angefangen; wenn die Berichte der Kerls richtig sind, so hätten sie ruhig losschlagen können und wären in 2 Stunden fertig gewesen. Aber schrecklich dumm war alles angelegt." Die „alten Freunde", meint Engels mit besonderem Blick auf D'Ester und Daniels, „scheinen sich sehr zurückgehalten haben, obwohl sie mit beschlossen hatten loszubrechen."

Offensichtlich ist Engels falsch informiert; denn eine Gewaltaktion war von Demonstranten nicht geplant. Und der „größte Teil der Truppen" sympathisierte keineswegs mit ihnen, sondern stand immer noch auf der Seite jener Kölner Bürger, die in der Vergangenheit trotz militärischer Übergriffe festliche Gastmähler für Generäle veranstaltet hatten. So luden Honoratioren 1842 zu einem „Bürgerfest auf dem Neumarkt" zu Ehren des Königs ein, der sich später sogar darum bemühte, den etablierten Karnevalsverein mit dem von Raveaux ins Leben gerufenen alternativen zu versöhnen. 1844 wurde in Köln eine „Bürgerlich-kameradschaftliche Vereinigung" gebildet, folgten Tausende dem Sarg eines verstorbenen Generals zum Friedhof Melaten – „im strömenden Regen", wie die Kölnische Zeitung vermerkte.

Gewiß gibt es vereinzelt auch militärische Aussteiger wie Anneke und Willich. Und nicht alle Soldaten in Köln stehen stramm an der Seite der obersten Heeresführung. Aber von einem Überlaufen zu den Kölner Demokraten kann keine Rede sein. Das 2. Bataillon des 25. Infanterieregiments „säuberte" am 3. März den Rathausplatz, ohne daß auch nur eine einzige Dienstverweigerung bekannt wurde. Ein Leutnant namens Wülfing, wie sein Freund August Bernigau Offizier des 1. Bataillons des erwähnten Regiments, war in

Friedrich Engels (1820-1895)

diesen Tagen Kommandant der Zeughauswache. Er äußerte einem Kameraden gegenüber, es wäre für ihn „eine unangenehme Pflicht, von den Waffen gegen Mitbürger Gebrauch machen zu müssen". Er würde sich „namentlich der Schußwaffe nur im äußersten Fall bedienen". Wülfing, Bernigau und einige andere Offiziere müssen nach mancherlei Konflikten aus dem Heer ausscheiden. Doch noch sind sie nicht bereit, die revolutionären Kräfte mit der Waffe in der Hand zu unterstützen.

51

Die Auswirkungen der Berliner Märzrevolution

Die Kölner „Forderungen des Volkes" werden in der Folgezeit im Rheinland immer weiter verbreitet. Auch im übrigen Deutschland wächst die demokratische und revolutionäre Bewegung. Nach einer Erhebung in Wien, die Staatskanzler Fürst Metternich ins Exil zwang, stehen Bauern und Handwerker in Süddeutschland auf, erzwingen Leipziger Demokraten unter Führung des in Köln geborenen Robert Blum vom sächsischen König die Einsetzung einer liberalen Regierung. In Bonn hält der bei Handwerkern wie bei Studenten populäre Gottfried Kinkel, ehemaliger Theologe und inzwischen erster Professor für Kunstgeschichte in Deutschland, flankiert von den Professoren Ernst Moritz Arndt und Friedrich Dahlmann, eine flammende Rede, die die Provinzstadt in stürmische Begeisterung versetzt. In Solingen zerstören Arbeiter mehrere Gießereien und Häuser mißliebiger Fabrikanten. In Elberfeld kommt es zu Angriffen auf Fabriken und sogar auf das Rathaus, in Krefeld zu Erhebungen der Seidenweber. In Berlin hat Friedrich Wilhelm IV. die „Träume seiner Jugend" beschworen und die Beseitigung aller Zollschranken sowie Pressefreiheit versprochen, gleichzeitig aber alle verfügbaren Truppen zusammengezogen.

In dieser angespannten Situation fahren zwölf Kölner Gemeinderäte, unter ihnen D'Ester und Raveaux, mit der von ihnen beschlossenen Adresse zum König nach Berlin. Er empfängt sie am Vormittag des 18. März 1848 und erklärt, er werde einen Fürstenkongreß nach Potsdam einberufen. Stadtrat Heinrich von Wittgenstein entgegnet, die Fürsten sollten lieber zur Eröffnung des ersten deutschen Parlaments nach Frankfurt kommen. Der Monarch weicht aus, von Wittgenstein erwähnt daraufhin den möglicherweise drohenden Abfall der Rheinprovinz von Preußen. Der König verspricht ein Dokument mit Zugeständnissen an die demokratische Bewegung. Von Wittgemstein möchte es in die Hand bekommen. Raveaux erinnert sich an den Dialog: „Reicht nicht das königliche Wort?" fragt der Monarch. „Nein, Majestät, das genügt nicht mehr. Das Mißtrauen des Volkes ist zu groß." „Also so weit ist es gekommen." „Ja, Majestät, so ist es."

Während dieser Audienz bricht in Berlin die Revolution aus. Nach blutigen Übergriffen der Soldaten gehen Teile der Bevölkerung, für den König „eine Rotte von Bösewichtern, meist aus Fremden bestehend", auf die Barrikaden. Raveaux und D'Ester werden Augenzeugen des nun folgenden Geschehens, sind erschüt-

Angriff der Kavallerie in Berlin (1848)

tert und empört angesichts des vom Militär angerichteten Blutbads. Sie erleben, wie Barrikaden gebaut, verteidigt und wieder verlassen werden. In den Straßen begegnen sie Männern, die Leichen auf Leiterwagen zum königlichen Schloß bringen. Sie hören den Ruf: „Er soll mit eigenen Augen sehen, was er für Unheil angerichtet hat. Hat er die Lebenden nicht respektiert, so soll er sie im Tode achten lernen!" Der König muß sich schließlich vom Balkon des Schlosses aus vor 150 Gefallenen, überwiegend jungen Berliner Handwerkern, darunter fünf Frauen, mit entblößtem Haupt verneigen. Er verspricht, alle Gefangenen freizulassen und die Truppen aus Berlin abzuziehen.

Die heimreisenden Gemeinderäte werden an allen Bahnhöfen mit Fragen bestürmt und in Köln mit Jubel empfangen. Raveaux hatte zuvor einen Augenzeugenbericht geschickt, der von Freunden abgeschrieben und in vielen Lokalen der Stadt vorgelesen worden war.

Kettenreaktionen in Köln

1846 war den Kölner Bürgern nach der blutigen Martinskirmes nur die Aufstellung unbewaffneter Bürgergarden gestattet worden. Nun aber, am 20. März 1848, überträgt Regierungspräsident von Raumer Oberbürgermeister Adolph Steinberger auf Drängen einiger Stadträte die Vollmacht zum Aufbau einer

Grundsteinlegung für den Weiterbau des Kölner Domes (1842)

bewaffneten Bürgerwehr zur „Erhaltung des Friedens und der Eintracht unter allen Mitgliedern der bürgerlichen Gesellschaft". Noch am selben Abend werden 17 Kompanien gebildet. Es ist ein kleiner Schritt in Richtung Demokratie, doch nicht für die besitzlose Bevölkerung. Der Bürgerwehr dürfen nur Männer mit vollem Bürgerrecht angehören, nahezu ausschließlich Hausbesitzer, Handwerksmeister, Kaufleute und Fabrikanten. Oberpräsident Franz August von Eichmann genehmigt sie unter der Bedingung, daß sie „gegen jede Störung der öffentlichen Ordnung" eingesetzt wird. Eine Gemeinderatskommission ernennt den konservativen – wenn auch königskritischen – Heinrich von Wittgenstein zum Kommandanten und den demokratisch gesinnten Franz Raveaux zum Vizekommandanten. Auch für Andreas Gottschalk ist damit das von ihm am 3. März im Rathaus ausgesprochene Ziel einer Volksbewaffnung nähergerückt. Obrigkeit und Militär sind verunsichert. Das Waffenmonopol droht ihnen zu entgleiten. Der Festungskommandant Karl August Graf von Kanitz erbleicht, als Raveaux und von Wittgenstein ihn aufsuchen und 4.000 Gewehre von ihm fordern. Er hält

„Deutsches Kaffeehaus" von Franz Stollwerck in Cöln (1851)

55

sich krampfhaft an einer Konsole fest und bricht plötzlich zusammen. Von Wittgenstein ruft nach Hilfe, Raveaux richtet den alten Mann auf, der sich nur langsam erholt.

Die Bevölkerung fühlt sich durch die jüngste Entwicklung der Ereignisse gestärkt. Mit einer Massenpetitionsbewegung für die Bewilligung verfassungsmäßiger Reformen beginnt eine neue Phase des demokratischen Aufbruchs. Die Dämme des Obrigkeitsstaates brechen. Am Nachmittag des 20. März strömen mehr als 10.000 Menschen auf den Neumarkt, ohne vorher um Genehmigung zu bitten. „Man zog," so anderentags die Kölnische Zeitung, „ein Musikchor und die Fahne voraus, unter Absingen des Arndt'schen Liedes ‚Was ist des Deutschen Vaterland?' in einem endlosen wohlgeordneten Zug durch die mit Menschen überfüllten Straßen dem Dome zu, der bei der Annäherung sein Prachtgeläute erschallen und eine volle Stunde forttönen ließ. Und als nun vom hohen Kran die Fahne sich entfaltete, vom freundlichen Sonnenstrahl beglänzt, um von da aus als

Symbol der Einheit Deutschlands weithin im Rheintal sichtbar hinzuflattern, da erhob sich unermeßlicher Jubel unter allen den Tausenden, die da drunten standen." Am Abend versammeln sich rund 3.000 Menschen im Café Stollwerck in der Schildergasse. Sie fordern volles Versammlungsrecht, die Volksrepräsentation, Volksbewaffnung, Amnestie für politische Gefangene, die bürgerliche und rechtliche Gleichstellung aller Staatsbürger und als Konsequenz der blutigen Berliner Ereignisse die „sofortige Entfernung der gegenwärtigen Minister".

Freispruch für die Angeklagten

Am 21. März werden Gottschalk, Anneke und Willich, wohl auch unter dem Eindruck der Berliner und Kölner Ereignisse, mangels triftiger Anklagepunkte aus dem Gefängnis entlassen. Mathilde Anneke wird sich noch 1876 im US-amerikanischen Exil bei einem Vortrag vor einer deutschen Gemeinde lebhaft an diesen Tag erinnern. „Auf den Straßen Kölns war inzwischen Leben und Bewegung, wie wenn ein Festtag anbräche. Wie ein Feuer hatte die große Nachricht sich durch die Gassen gedrängt. Das Militär in seinen glänzendsten Vertretern von den Hauptwachen kommend, wich uns aus wie dem schlechtesten Gewissen in den engen Straßen zur Seite gedrängt. An dem Gefängnis angekommen, salutierten die Wachen, die uns vordem mit Kolben den Weg verschlossen hatten, und öffneten die eisernen Tore mit aller Bereitwilligkeit. Unsere Gefangenen, die in ihrer gänzlichen Unwissenheit über die Vorkommnisse der vergangenen Tage den Schlaf der Gerechten schliefen, mußten in ihren Zelten aufgerüttelt werden, um ohne Verzug den Weg in die Freiheit mit uns antreten zu können. Flammend stieg die junge Morgensonne empor, himmlisch die junge Freiheit. Ein Morgen der Seligkeit, ein Tag der Wonne im Siegesglanz.

Wer könnte ihn vergessen, wer heute den Traum fassen und begreifen, was wir damals empfanden."

Die Überraschung für alle Beteiligten steigert sich noch, als ein kleiner Dampfer auf Annekes am Rhein gelegene Wohnung zusteuert. Aus ihm steigt der durch seine Freiheitsgedichte in ganz Deutschland bekannte Dichter Ferdinand Freiligrath. Man hatte ihn noch in England vermutet, doch er bereitet in diesen Tagen seinen künftigen Wohnsitz in Düsseldorf vor, und da lag ein Besuch in Köln nahe. „In der Mitte einiger Freunde und Genossen, die von Düsseldorf her mit ihm gelandet waren," so Mathilde Annekes Erinnerung, „betrat Ferdinand Freiligrath die Schwelle meines heute so dreifach gesegneten Hauses. Vom Balkon aus, der über den Fluten hing, hatte ich ihn eintreten sehen. Ich ging ihm entgegen mit hoch klopfendem Herzen. Lange Jahre vorher schon hatte ich mit dem Dichter meines Heimatlandes Westfalen in Verbindung und momentanem Briefwechsel gestanden. Er war der regsame Mitarbeiter eines von mir redigierten *Westfälischen Jahrbuchs* gewesen und als solcher mir mitsamt seiner Gattin, die ebenfalls Übersetzungen von Walter Scott dafür geliefert hatte, hoch teuer geworden. Nun trat er bei mir ein als der Sänger der Revolution, für die glühend und hoffnungsvoll mein jugendliches Herz schlug. Schüchtern wie ein Kind stand er vor mir, der große gewaltige Mann. Ich streckte ihm meine beiden Hände entgegen, die er ergriff und festhielt. Sein Blick ruhte lange auf mir mit einem Seelenausdruck groß, klar und rein. Auf der Altane, von der wir einen imposanten Blick über Strom und Land genossen, neben mir und meinem eben befreiten Gatten, saßen der Dichter und die Freunde mit uns vereint."

Das Frankfurter Vorparlament

Die großen Volksversammlungen bestimmen bis weit in den April hinein das politische Leben Kölns, zuerst im Café Stollwerck, dann im Gürzenich. Man tritt hier für allgemeines geheimes Männerwahlrecht ein. Am 26. März kommt es hier wie im übrigen Deutschland zu einer geschichtsträchtigen Entscheidung: Rund 4.000 Teilnehmer einer Volksversammlung bestimmen die Deputierten für das Frankfurter Vorparlament, allen voran den populären Raveaux. Dem Stadtrat verbleibt nur die Aufgabe, die Gewählten zu bestätigen. In der Frankfurter Paulskirche entscheiden dann Anfang April über 500 Parlamentarier, das zukünftige Wahlverfahren solle frei – ohne den die Vermögenslage berücksichtigenden Zensus – und möglichst direkt sein. Bei indirekten Wahlen soll auf 50.000 Menschen ein Abgeordneter, auf 500 ein Wahlmann kommen. An der Diskussion über die Rolle des von weisungsabhängigen Regierungsvertretern gebildeten Bundestages entzündet sich ein heftiger Streit. Rund 50 radikale Demokraten und Antimonarchisten, unter ihnen auch Karl D'Ester,

Der Gürzenich in Köln

verlassen unter Führung des Mannheimer Advokaten Friedrich Hecker die Paulskirche.

Friedrich Wilhelm IV. ist über die Entwicklung in Deutschland, insbesondere
in der unruhigen Rheinprovinz besorgt. Die gemäßigt liberale Opposition dort
versucht er dadurch in seine Politik einzubinden, daß er Ende März zwei ihrer
Symbolgestalten in die Regierung holt: Ludolf Camphausen als preußischen Ministerpräsidenten und David Justus Hansemann als Finanzminister.

Ludolf Camphausen (1803-1890)

Gottschalks Ablehnung des bewaffneten Kampfes

Andreas Gottschalk und Fritz Anneke müssen seit April auf die Zusammenarbeit mit ihrem Freund August von Willich verzichten. Er schließt sich der
Gruppe um Hecker an, der zusammen mit dem Mannheimer Publizisten Gustav
Struve republikanische Agitationsreisen durch badische Städte veranstaltet und
vielerorts begeisterte Zustimmung erntet. Dadurch ermutigt rufen sie in Konstanz
die Republik aus, um danach mit bewaffneten Freischaren den Regierungssitz
Karlsruhe zu erobern. Doch der Aufstand scheitert. Hecker flieht über die Schweiz
nach Amerika, Willich nach Frankreich. Gottschalk mißbilligt Willichs Entscheidung, Anneke dagegen hält gegebenenfalls sogar einen Freischarenzug nach Berlin
für möglich. Beide halten Kontakt zu Willich.

Gottschalk lehnt auch die militärischen Pläne Georg Herweghs ab, den er als Freiheitspoeten sehr schätzt. Herwegh hatte nach theologischen und juristischen Studien in Tübingen zu dichten begonnen, war 1839 aus dem württembergischen Militär in die Schweiz desertiert und hatte von dort aus mit seinen „Gedichten eines Lebendigen" Aufsehen erregt. Wegen eines offenen Briefes an den preußischen König wurde er nach einer triumphalen Reise durch Deutschland aus Preußen ausgewiesen und ließ sich zuerst in der Schweiz, dann in Paris nieder. Von dort aus wollte er nun Hecker und seinen Freischärlern zu Hilfe eilen.

Gottschalk war besorgt, Moses Hess könnte sich Herwegh anschließen und schrieb ihm am 26. März nach Brüssel: „Lieber Freund! Ich rate Dir von jeder Teilnahme an dem Herwegh'schen Invasionsunternehmen ab, weil ich Dich den Anstrengungen eines Feldzuges nicht gewachsen glaube; ich rate Dir überhaupt von dem Unternehmen ab, weil der Name ‚Republik' durchaus unpopulär ist." Das Proletariat sei zu selbständiger Aktion noch nicht in der Lage, meint Gottschalk. Eindringlich warnt er den Freund: „Du hast keinen Begriff von der Furcht unserer Bourgeois vor dem Namen der Republik; er ist ihnen identisch mit Raub, Mord, Einfall der Russen, und Eure Legion würde als eine Bande von Mordbrennern so verketzert werden, dass Euch nur wenige Proletarier als Verstärkung zufielen." Man müsse vorläufig dahin streben, „in den bald stattfindenden Gesetze gebenden Versammlungen zu erscheinen, wo die alleinige Macht überwiegender Intelligenz, getragen von den sozialen Krisen, die Verwirklichung unserer Prinzipien eher ermöglichen wird als die Spitze des Schwertes." Er will sein „bisschen Märtyrertum" so nutzen, daß er als Kandidat auftreten kann, schreibt er.

Herweghs gescheiterter Feldzug

Während Hess von seinem Plan, Herweghs Feldzug zu unterstützen, Abstand nahm, begann dieser, ihn in die Tat umzusetzen. Anfang März war es in Paris zur Gründung einer „Deutschen demokratischen Gesellschaft" gekommen, in deren Vorsitz er gewählt wurde. Etwa 6.000 Deutsche, an ihrer Spitze Bannerträger mit der Trikolore und der schwarz-rot-goldenen Fahne, zogen wenig später, von der Bevölkerung mit Beifall begrüßt, zum Rathaus. Dort versicherte Herwegh Mitgliedern der provisorischen Regierung, Deutschland werde dem revolutionären Beispiel Frankreichs folgen. Sein Ruf „Es lebe die Freiheit, die Gleichheit, die Bruderliebe!" wurde von den Anwesenden begeistert wiederholt.

Danach bildeten er und seine Gesinnungsfreunde aus Arbeitern und Handwerkern eine „deutsche demokratische Legion", um mit ihr Heckers Freischaren in Baden zu unterstützen. Man exerzierte auf einer angemieteten Reitbahn und rief durch Maueranschläge in ganz Paris zu Geld-, Sach- und Waffenspenden auf, bat Vertreter der provisorischen Regierung um finanzielle Unterstützung und

Waffenhilfe. Sie wurde nur zögernd und in bescheidenem Ausmaß gewährt, denn der Regierung war es zwar durchaus recht, Hunderte von fremden arbeitslosen Handwerkern und Arbeitern loszuwerden, nicht aber, die diplomatischen Beziehungen zum Nachbarstaat zu gefährden.

In der ersten Aprilhälfte macht die etwa 1.000 Mann starke Legion Halt in Straßburg, um dort Nachrichten von Hecker abzuwarten. Als sie ausbleiben, sucht Herweghs couragierte Frau Emma, Tochter eines wohlhabenden Berliner Kaufmanns, Hecker auf, muß jedoch ohne den von der Legion erhofften Auftrag, den Rhein zu überqueren, nach Straßburg zurückkehren. Nach Heckers Nieder-

Georg Herwegh (1817-1875)

lage am 20. April versucht die Legion, sich in Baden mit anderen Freischaren zu vereinigen, wird jedoch von württembergischen Truppen nach kurzem Gefecht in die Flucht geschlagen. Ein Bauer, bei dem Georg und Emma Herwegh Unterschlupf finden, bringt die beiden als Landarbeiter verkleideten Flüchtlinge über die Rheinbrücke. Auf dem Weg über die Schweiz kehren sie nach Paris zurück.

Emma Siegmund, später verheiratete Herwegh (1817-1904)

III. | Der Arbeiterverein

Mit der Absage an Herweghs unrealistischen Versuch, eine demokratische und soziale Republik zum jetzigen Zeitpunkt revolutionär zu erringen, bezog Gottschalk innerhalb der demokratischen Bewegung eine klare Position. Durch die Proklamation der „Forderungen des Volkes" am Vorabend der Märzrevolution erlangte er weit über Köln hinaus Bedeutung. Nach der spektakulären Aktion im dortigen Rathaus drängt es ihn nun zu kontinuierlicher politischer Praxis, die er durch Gründung des Kölner Arbeiter-Vereins einleitet. Bei der Behandlung seiner Patienten stellte er immer wieder fest, wie viele Krankheiten durch miserable Lebens- und Arbeitsbedingungen hervorgerufen werden. Diese Erfahrung drängte ihn über den traditionellen Rahmen seiner Berufspraxis hinaus und machte den religiösen Humanisten schließlich zum Sozialisten. Damit wird er als Arzt zugleich ein Pionier der frühen Arbeiterbewegung, die von ihm wesentliche Impulse erhalten wird.

Die Aufbauphase

Offenbar verfolgte Gottschalk das Hess gegenüber erwähnte Ziel einer politischen Kandidatur in der Folgezeit nicht weiter oder scheiterte dabei. Stattdessen hegte er publizistische Pläne. „Vielleicht gelingt es hier, eine demokratische Zeitung auf Aktien zu gründen", schrieb er Hess. Eine Zusammenarbeit mit den Redakteuren der ehemaligen Rheinischen Zeitung wollte er wohl eher vermeiden: „Gewiß wäre gut, wenn Marx nach Trier, Engels nach Barmen zurückkehren wollten, dass sie dort als Kandidaten aufzutreten suchten." Dabei hatte Marx schon seit längerem ein neues Publikationsorgan geplant. Gottschalk hatte ihm gegenüber im vergangenen November brieflich bedauert, „für die beabsichtigte Revue vorläufig bloß 12 Aktien zusagen zu können" – und Marx seiner „innigsten Verehrung versichert". Ja, noch am 26. Januar 1848 hatte er ihm erklärt, diese „so wesentliche Angelegenheit" nicht aus den Augen gelassen zu haben – wenn auch ohne großen Erfolg: „Die größere Hälfte einer Aktie (15 Taler) folgt hierbei; die andere wird bis zum 1. Februar nachfolgen."

Ein publizistischer Wettlauf

Nachdem Hess Anfang April, statt Herwegh zu folgen, mit seiner Frau nach Köln zurückgekehrt war, startete er in der „Kölnischen Zeitung" einen Aufruf zur Zeichnung von Aktien für das geplante Projekt – nicht ohne den Hinweis, er selbst habe einst die Rheinische Zeitung ins Leben gerufen. Die Tendenz des geplanten Blattes sei „eine rein demokratische". Es werde zugleich „die *soziale Frage,* d.h. die Frage über das Verhältnis von *Capital* und *Arbeit* usw., nach ihrer *ökonomischen* und *politischen* Seite hin, jedoch keineswegs vom Standpunkt gewisser Theorien, Ideen, Prinzipien und Systeme, sondern lediglich vom praktischen Gesichtspunkte der gegebenen tatsächlichen Verhältnisse aus gründlich erörtern." Eine deutliche Spitze gegen die Theoretiker Marx und Engels!

Der Erfolg dieser Initiative ist mäßig, doch der schlesische Lehrer und Mitgründer des Bundes der Kommunisten Wilhelm Wolff schreibt besorgt an Marx, Hess habe wieder einmal „schlau operiert". Er, Anneke und Gottschalk seien mit der Beschaffung der Aktien beschäftigt. Marx und Engels hatten in Paris längst das Gleiche getan – ebenfalls ohne nennenswerten Erfolg. Am 11. April trafen sie in Köln ein – Hess und seine Freunde hatten eine Woche Vorsprung. Engels versuchte vergeblich, in seiner Heimatstadt Barmen Geld zu beschaffen. Auf Aktien von dort sei verdammt wenig zu rechnen, schrieb er Marx. Die Leute scheuten sich vor der Diskussion gesellschaftlicher Fragen wie vor der Pest. Er mache jetzt nach schönsten Redensarten und aller möglichen Diplomatie noch einen letzten Versuch. Scheitere der, dann sei alles am Ende. Wütend fügte er hinzu: „Aus meinem Alten ist vollends nichts herauszubeißen. Für den ist schon die ‚Kölnische Zeitung' ein Ausbund von Wühlerei, und statt 1.000 Talern schickte der uns lieber 1.000 Kartätschenkugeln auf den Hals."

Vom „ästhetisch-kommunistischen" zum „demokratisch-sozialistischen Klub"

Im März hatte Gottschalk an Hess geschrieben: „Ich lasse unsern Klub, da das Wort ‚unsere Partei' zum Popanz geworden, von nun an als Arbeiter- und Debattierverein öffentlich erstehen, und zwar unter offiziell anderer Leitung als der meinigen. Mein Einfluss unter der Arbeiterklasse hier ist sehr groß und ein wahrer Schrecken für die Bourgeoisie, seitdem sie mich mit solcher Masse auf dem Rathaus gesehen." Noch vor der Ankunft von Marx und Engels hatte er am 6. April eine Anzeige in die Kölnische Zeitung einrücken lassen: „Ich beabsichtige mit Unterstützung mehrerer Freunde einen demokratisch-sozialistischen Klub zu eröffnen und ersuche alle Gesinnungsgenossen und alle, die sich für eine entschiedene, fortschreitende Behandlung der Tagesfragen interessieren, ihre Teilnahme durch baldige Einzeichnung in die bei mir offenliegende Liste bekunden zu wollen. Eine vorbereitende Versammlung wird stattfinden, sobald Hundert gezeichnet haben. Dr. Andreas Gottschalk, Röhrergasse 12."

Schon eine Woche später finden sich ungefähr 300 Männer, meist Arbeiter und Handwerker, in der Wirtschaft Simon in der Mühlengasse zusammen. Gottschalk schlägt vor, der Klub solle sich zunächst mit den Interessen der arbeitenden Klassen beschäftigen, denen „die Einsicht in ihre eigenen Verhältnisse am meisten not tue". Neben organisatorischen Fragen befaßt sich die Versammlung mit Vorschlägen zur Verbesserung der Lage der Arbeiter. Sie wählt Gottschalk zum Vorsitzenden sowie Fritz Anneke, Nikolaus Hocker, den Sprachlehrer Andreas Renard, den Geometerkandidaten Johann Joseph Jansen und Johann Wilhelm Prinz zu Sekretären. Als zukünftige Basis des Vereins wird ein provisorisches Komitee aus Vertretern einzelner Gewerke gewählt. Die meisten Berufe sind schon jetzt im bisher 32köpfigen Komitee vertreten: Steinbauer, Schuster, Schneider, Schmiede, Anstreicher, Lithographen, Schreiner, Färber, Bäcker, Barbiere, Buchbinder, Maler, Gewerbetreibende, Kaufleute, Maschinenbauer, Faßbinder, Schiffer, Schlosser, Klempner, Gerber, Sattler, Goldarbeiter, Tapezierer, Instrumentenmacher, Uhrmacher, Vergolder, Fabrikarbeiter, Bierbrauer, Branntweinbrenner, Metzger, Drechsler, Zimmerleute und Silberarbeiter. Manche Komiteemitglieder vertreten zwei Berufe. Für die Gruppe der „Gelehrten" wird Gottschalks Freund Moses Hess nominiert, der Köln allerdings wenig später verläßt. Aus dem alten „Kränzchen" von Mathilde Anneke kommen Nikolaus Hocker, der Barbier Bedorf und der Schuster Heymann. Nach lebhaften Diskussionen wird „nach dem Beispiel der Schwesterstadt Mainz" der Name „Arbeiter-Verein" einstimmig angenommen. In einer Petition an Ministerpräsident Ludolf Camphausen werden dringende Forderungen gestellt, deren von untertänigen Höflichkeitsformeln freier, ja brüskierender Stil Gottschalks Sprache verrät:

„Herr Ministerpräsident! Wir haben die Berufung Ew. Excellenz an die oberste Leitung der Staatsgeschäfte, wir gestehen freimütig, mit Mißtrauen vernommen, weil wir bei Ihnen Sympathien für die arbeitenden Klassen vorauszusetzen durchaus keinen Grund hatten. Die Maßnahmen Ihrer noch so kurzen Amtszeit haben jenes Mißtrauen, leider, mehr als gerechtfertigt. Von der so verhaßten Steuer auf den nothwendigsten Lebensmitteln haben Sie nur die Mahlsteuer augenblicklich entfernt. Erwarteten oder wünschten Sie etwa, daß die große Klasse der Handwerker und Arbeiter fortan nur Roggenbrot zur Nahrung nehmen solle? Berufen Sie sich nicht darauf, daß einer späteren gesetzgebenden Versammlung die gänzliche Entfernung der Lebensmittelsteuer müsse vorbehalten bleiben. Wozu wäre dann wohl Ihre Minister-Verantwortlichkeit? Wir sagen Ihnen, die arbeitende Klasse hat keine Zeit zu verlieren – sie hungert! Wehren Sie, Herr Ministerpräsident, dem Elende der Massen, und keine gesetzgebende Versammlung wird es wagen dürfen, keine, die aus dem Volke wirklich hervorgegangen, wird es wagen wollen, einer Lebensmittelsteuer das Wort zu reden." Weiter fordert die Petition für Arbeiter die Errichtung einer Unterstützungskasse, die es, ausgestattet mit einer Million Mark, für Fabrikanten und Kaufleute bereits gibt; außerdem die Berufung eines Komitees, das über den Erlaß rückständiger Mieten beraten soll.

Ein Brief an den Mainzer Arbeiter-Verein verrät ebenfalls Gottschalks Sprache: „Brüder! Durch den glorreichen Barrikadenkampf am 18. und 19. März hat das Berliner Volk bewiesen, daß es seine politische Mündigkeit erlangt habe, und daß es für Preußen ebenso wie für ganz Deutschland an der Zeit sei, alle die Versprechungen, welche, mit den Anstrengungen und dem Blute von Hunderttausenden auf den Schlachtfeldern von Leipzig und Waterloo besiegelt worden, nicht allein auf dem Papiere, sondern auch in der Wirklichkeit bestehen zu lassen." Nach 34jähriger Knechtung habe sich Freiheit von unten her machtvoll Bahn gebrochen: „Es waren nicht die stolzen Aristokraten, nicht die hochmüthigen Beamten und goldgierigen Bourgeois, die auf den Barrikaden Geschichte machten, es waren Leute aus dem Volke, Arbeiter, diese so lange niedergetretenen Menschen, die mit ihrem Blute den jungen Baum der Freiheit düngten." Der Brief endet mit der Parole: „Wir wollen Alles für das Volk, Alles durch das Volk und unsere Losung sei: Freiheit, Verbrüderung, Arbeit!"

Publikation und Wachstum des Arbeiter-Vereins

In den Komitee-Sitzungen der folgenden Woche drängt Gottschalk auf rasches Erscheinen der Vereinszeitung. Das Blatt soll einmal oder zweimal wöchentlich zum Preis von sechs Pfennigen erscheinen. Gottschalk, der am liebsten anonyme Artikel

Andreas Gottschalk. Lithographie von Wilhelm Kleinenbroich (1849).

verfaßt, läßt neben dem Namen des Druckers, eines Komiteemitglieds, lediglich die Bemerkung „Herausgegeben unter Verantwortlichkeit des Vorsitzenden" und die gemeinsam beschlossene Parole „Freiheit, Brüderlichkeit, Arbeit" einrücken. Am 23. April erscheint die erste Ausgabe des acht Seiten starken Blattes mit einem Bericht über die bisherige Arbeit und einem Appell Gottschalks: „Arbeiter! Eure Brüder in den Hauptstädten Deutschlands und Frankreichs haben den Opfertod für die Freiheit nicht gescheut, haben heldenmüthig für Euch Alle gekämpft, gesiegt. – An Euch ist es jetzt, diesen Sieg zu benutzen und Euch würdig zu zeigen Euerer tapferen Brüder und der Freiheit, für die sie in den Tod gegangen! Arbeiter aller Gewerbe, die Ihr kümmerlich von dem Werke Eurer Hände lebt, haltet fest zusammen! Vereinigt Euch zur Berathung Eurer Interessen!"

Kölns Arbeiter und Handwerker reagieren prompt, der Verein wächst rasch auf 4.000, bis zum 8. Mai auf 5.000 Mitglieder an. Auf Annekes Vorschlag werden sechs Untervereine („Filialen") beschlossen, die in verschiedenen Lokalen zweimal wöchentlich Aufklärungs- und Bildungsarbeit betreiben und auch die Generalversammlungen des Vereins vorbereiten helfen. Wegen Arbeitsüberlastung will Gottschalk in keinem der Filialvereine präsidieren, sich aber regelmäßig von ihrer Wirksamkeit überzeugen. Als Präsident des Gesamtvereins ist er die unbestrittene Führungsfigur. Auch gegenüber der Marx-Fraktion, von der er sich immer mehr entfernt, kann er sich fest im Sattel fühlen. Aus dem schwächer werdenden Bund der Kommunisten ist er inzwischen ausgetreten, aber die Verbindung zu ihm will er nicht ganz kappen. Marx fragt ihn auf einer Sitzung der Kölner Bundesgemeinde, welche Stellung er dem Bund gegenüber jetzt einzunehmen gedächte. Gottschalk bekräftigt seinen Austritt mit der Begründung, unter den bisherigen Statuten sei „seine persönliche Freiheit gefährdet". Er erklärt aber, er würde „in allen Fällen, wo der Bund seine Wirksamkeit wünschen sollte, unter der gegebenen Bedingung seine Wirksamkeit vollständigst gewähren". Ein vages Angebot, das den endgültigen Bruch nicht aufhalten kann – und vielleicht auch nicht soll?

Eine anonyme Attacke in der Kölnischen Zeitung

Während Marx' Kritik an Gottschalk sich vorläufig noch in Grenzen hält, feuert die Kölnische Zeitung am 1. Mai eine volle Breitseite gegen den kometenhaft aufgestiegenen Präsidenten des Arbeitervereins ab, der sich freilich durch emphatische Reden manche Blöße gibt. So hatte er in einer Extrabeilage der Vereinszeitung den „Männern und Brüdern" verkündet: „Ich bin stolz auf Euch! Inmitten der Verläumdungen und Bedrohungen, welche mich verfolgen, erhebt mich der Gedanke, daß Ihr mich kennt, daß Ihr mich liebt wie Eueren Freund,

Eueren Bruder." Nach einer Ermahnung zu Einigkeit und Brüderlichkeit versichert er: „So lange ein Tröpfchen Blut durch meine Adern rollt, solange auch nur ein Hauch meine Brust belebt, werde ich mit Euch sein, bis Ihr den Sieg der Arbeit erlangt habt, der Arbeit, die nicht mehr Elend, sondern Lebensgenuß ist." Die Kölnische Zeitung nimmt solche Bemerkungen zum Anlaß, ihn mit einer „von einem Freunde der Arbeiter" unterzeichneten Anzeige zu attackieren. „Wir haben zu deutlich gesehen," heißt es da, „daß die Arbeiter nur die Mittel sind, ihm zu seinen selbstsüchtigen Zwecken zu verhelfen, obgleich er sich bis dahin so klug hinter dem Mantel der Brüderlichkeit versteckte". Die Arbeiter sollen sich nicht mißbrauchen, nicht von einem ehrgeizigen Mann „betören", vor allem aber sich nicht von ihm „gegen die besitzende Klasse aufreizen" lassen. Er zerstöre „das so notwendige Verhältnis zwischen Arbeitgebern und Arbeitern". Noch direkter enthüllt der anonyme Angreifer seine wahren Interessen, wenn er die Arbeiter ermahnt: „Es gibt Männer genug, die Euch vorstehen werden, die eure Wünsche berücksichtigen werden und geeignete Mittel besitzen, sie höheren Orts vorzubringen." Daß solche und ähnliche Hetzreden in Köln nicht ohne Wirkung bleiben, zeigt das öffentliche Angebot eines Bierbrauers, demjenigen 25 Taler zu geben, der ihm „die Haut oder das Fell des Dr. Gottschalk" bringen werde, „selbst wenn sie durchlöchert wäre". Die Vereinszeitung kontert: „Wir geben 50 Thlr. dem, welcher uns augenscheinlich beweisen kann, daß Herr Konzen nicht Stroh, sondern Grütze im Kopf hat."

Reformvorschläge

„Vollständige Erziehung aller Kinder auf öffentliche Kosten" hatte Gottschalk am 3. März vor dem Kölner Gemeinderat gefordert. In einem Schreiben an Oberbürgermeister, Beigeordnete und Stadträte der Stadt Köln erläutert er nun im Namen des Vereinskomitees seine Forderungen. Die europäische Revolution, so beginnt er, habe den „Grundsatz der Verschmelzung" aller Stände und Klassen und der „Verbrüderung aller Menschen" ausgesprochen. Damit wendet er sich von der These des Kommunistischen Manifests ab, die klassenlose Gesellschaft sei nur durch den Klassenkampf zu erreichen. Um die Verbrüderung zu erreichen, – so Gottschalk dagegen – gehe es zunächst darum, „alle Hindernisse, alle Trennungen, die aus einer veralteten Anschauung, die aus der Ansicht von der Nothwendigkeit einer Sonderung der Stände oder Klassen hervorgegangen sind, aus dem Wege zu räumen."

Dieses Ziel konkretisiert er nun im Blick auf den problematischen Unterschied von Pfarr- und Armenschulen. In letztere kommen die Kinder solcher Eltern, die das Schulgeld nicht aufbringen können. Deshalb müsse zuerst einmal die getrennte Erziehung in Pfarr- und Armenschulen beendet werden und *eine* Art von Elementarschulen für alle Kinder an deren Stelle treten. Durch die Trennung dagegen lege man schon früh „den Keim zu Dünkel und Überhebung bei den Kindern der Wohlhabenden, den Keim zu einer knechtischen Demuth oder zum Haß bei den Kindern der Armen". Auch sollen keine Schulgelder mehr erhoben, sondern sämtliche Kosten „durch eine direkte Steuerumlage nach dem Vermögen gedeckt werden, daß aus dieser Steuer zugleich für die Kinder der unbemittelten Bürger eine ordentliche Kleidung beschafft werde".

In den ersten Wochen seines Bestehens verfaßt der Arbeiter-Verein eine Fülle von Gesuchen an kommunale und staatliche Stellen. Die Minister des Inneren und der Justiz fordert er auf, die Arbeit der Vergolder, Sattler, Schuhmacher, Nagelschmiede und Weber vor der Konkurrenz billiger Häftlingsarbeit zu schützen. Das Kriegsministerium soll aus ähnlichem Grund Militärbäckereien verbieten. Die städtischen Behörden sollen die Kölner Handwerker gegen auswärtige Konkurrenz schützen wie auch Mißstände im Hospital und in der Invalidenanstalt untersuchen lassen.

Besonders intensiv wird die Bildung von Gewerbe- und Schiedsgerichten verfolgt. Sie sollen gleichgewichtig aus Meistern, Arbeitgebern und Fabrikherren, auf der andern Seite aus Gesellen und Arbeitern bestehen und über Streitfälle zwischen gewinnsüchtigen Arbeitgebern und darbenden Arbeitnehmern entscheiden. Gottschalk macht Vorschläge, die einstimmig angenommen werden: Jedes Gewerbe soll in freier Wahl je zwei Fabrikanten, Meister, Gesellen und Arbeiter für ein Jahr wählen und Kommissionen ernennen, die gesetzlich bindende Entscheidungen treffen können.

Wahlboykott

Im April hatte Kölns demokratische Linke ein „Volkswahlprogramm" aufgestellt, in dem direkte Wahlen gefordert, die Beteiligung an indirekten aber nicht ausgeschlossen wurde. Gottschalk dagegen hatte das indirekte Wahlsystem in der Generalversammlung des Arbeiter-Vereins kompromißlos abgelehnt, weil es dem Volk die Beteiligung an der Gesetzgebung raube. Unter allgemeinem Beifall erklärte er: „Sollten unsere Minister in ihrer Unkenntnis der Volksgesinnung auf der Durchführung des indirekten Wahlsystems beharren, sollte, was vielleicht nicht zu erwarten ist, irgendeine Versammlung durch solche Wahl entstanden, sich anmaßen, als gesetzgebender Körper des preußischen Volkes sich darzustellen, so würde ich die Tausende, welche unserm Arbeiter-Vereine angehören, ich würde Sie, die wahrhaft deutschen und entschiedenen Männer unseres Vereins auffordern, mit mir gegen die rechtlichen Befugnisse einer Versammlung zu protestieren, die es wagen wollte, den Volkswillen so zu verfälschen und sich als Vertreter desselben hinzustellen."

Die Mehrheit des Komitees und auch der Vereinsmitglieder folgte ihm, wie er mit Genugtuung am Wahltag, dem 1. Mai, feststellen kann. Ein vom ihm initiierter Protest gegen etwaige rechtliche Befugnisse von aus indirekten Wahlen hervorgehenden Versammlungen findet zahlreiche Unterschriften. Die meisten anderen Arbeiter-Vereine im Rheinland dagegen nehmen das geplante Wahlsystem in Kauf – in der Hoffnung, daß endlich einmal auch Arbeiter Volksvertreter würden.

Die Kölner Demokraten hatten trotz ihrer Kritik an den indirekten Wahlen dennoch zur Wahl aufgerufen, um möglichst geeignete Vertreter in die preußische Nationalversammlung und ins deutsche Nationalparlament zu senden. Dieses Ziel wird nun nur teilweise erreicht, weil von 21.000 Kölner Wahlberechtigten allein 5.000 dem Arbeiter-Verein angehören, die den Demokraten mehrheitlich ihre Stimme versagen. Gottschalks Hoffnung, die Gewählten würden sich „im Bewußtsein des Besseren" für inkompetent erklären, erfüllt sich nicht. So ziehen denn im Mai Ministerpräsident Ludolf Camphausen, Erzbischof Johannes Geissel, Polizeidirektor Friedrich Müller und ein katholischer Landgerichtsrat in die preußische Nationalversammlung nach Berlin. Immerhin erzielt Franz Raveaux als erfolgreicher Demokrat das beste Ergebnis für Frankfurt: 109 der 166 Wahlmänner haben ihm ihre Stimme gegeben.

Zwischen Kapital, Thron und Altar

Sein politisches und soziales Engagement führt den Kölner Arbeiter-Verein immer wieder zu Konflikten mit kirchlichen Kreisen. So hatte sich Anfang Mai der katholische Pfarrer von St. Gereon geweigert, einem kinderreichen Maurer eine finanzielle Unterstützung zu gewähren. Gottschalks höfliche Anfrage, ob ihm nicht Gelder für wohltätige Zwecke zur Verfügung stünden, hatte er verneint und hinzugefügt, aus eigenen Mitteln könne er „unter den Dürftigsten nur die Würdigsten" unterstützen. Gottschalk schrieb ihm, ob der Maurer der Unterstützung würdig sei, sei für ihn eine untergeordnete Frage, solange er der Unterstützung bedürftig sei: „Jedenfalls können wir uns für unsere, leider sehr spärlichen, wohlthätigen Bemühungen ein Richteramt über den sittlichen Werth irgendeines Menschen nicht anmaßen." Der Brief hatte zur Folge, daß der Armenvater der Pfarre zu St. Gereon einer Frau die monatliche Unterstützung entzog, weil ihr Mann Mitglied „jenes Vereins schlechter Menschen" sei, der den Pfarrer beleidigt habe. Auf Gottschalks Intervention hin nahm der Armenvater seine Maßnahme zurück, nicht aber sein Verdikt über den Verein.

Stärker noch als gegenüber den konservativen Kräften im Kölner Katholizismus wächst die Entfremdung zwischen Gottschalk und den schwerreichen protestantischen Unternehmern, deren Patriarchalismus die soziale Benachteiligung der Arbeiter fixiert. Durch die Bindung der bürgerlichen Protestanten an Thron und Altar vertieft sich ihre Gegnerschaft gegenüber Gottschalk noch, da er die Monarchie immer stärker in Frage stellt, die Ideologie des Gottesgnadentums scharf ablehnt und schließlich die Republik fordert.

Ende April etwa hatte ein Arbeiter im Arbeiter-Verein über ungerechtes und unsoziales Verhalten der Zuckerraffinerie C. Joest & Söhne geklagt, deren Besitzer zu den wohlhabendsten Protestanten in Köln gehört. Zuspätkommen und fehlerhafte Arbeiten würden finanziell hart gestraft. Die Meister tyrannisierten und schikanierten ihre Untergebenen, Überstunden würden meist nicht bezahlt und Akkordarbeit nicht redlich vergütet. Die Zeitung des Vereins veröffentlichte die Klage. Daraufhin drohte der Sohn des Firmenchefs Carl Joest einem altgedienten Arbeiter als angeblichem Urheber der Beschwerde einige Tage lang mit Entlassung. Joests Verhalten führte zu neuen Vorwürfen der Zuckerarbeiter. Zwar gebe es eine betriebliche Krankenkasse, doch der Betriebsarzt sei unqualifiziert, kranke Arbeiter müßten

Carl Joest (1816-1884)

ihr Geld beim Chef erbet-
teln und Gesunde die
Arbeit der Kranken mit
erledigen. Es sei „die Politik dieser Herren, daß sie
alle alten Arbeiter mit der
größten Grobheit behan-
deln, ihr Alter ihnen ständig zum Vorwurf machen,
den geringsten Lohn
ihnen geben und bei der
ersten besten Gelegenheit
die Thüre weisen". So die
Kritik der Betroffenen; zu
einer Darstellung aus Fir-
mensicht fehlen die Quel-
len.

Der Konflikt hat
stadt- und kirchenpoliti-
sche Relevanz, denn Carl
Joest ist nicht nur dem
Namen nach Protestant.
Er ist Mitglied des Pres-
byteriums, seine Frau
Mitarbeiterin in der evangelischen Armenfreischu-
le. Seine Zuckerraffinerie
gehört zu den neun größ-
ten Unternehmen Kölns und verfügt mit 60.000 Talern über das höchste Fir-
meneinkommen in Köln. Mitinhaber war bis zum Erwerb einer eigenen Raffinerie
der evangelische Unternehmer und Besitzer der Troisdorfer Friedrich-Wilhelms-
Hütte Johann Jakob Langen. Daß Andreas Gottschalk Joest ein Dorn im Auge ist,
liegt auf der Hand. Nicht zufällig versucht der Unternehmer wenig später, ihm durch
einen anonymen Brief an die Kölner Regierung zu schaden – allerdings erfolglos.

Ein protestantisches Bekenntnis

Wie Joest und Langen sind – bis auf einen Handwerker – alle Kirchenrats-
mitglieder wohlhabende Bürger: Kaufleute, Fabrikanten, Kommunalbeamte,
Juristen, Ärzte. Aus ihren Reihen wird gelegentlich heftig gegen den bekennenden

Protestanten und Demokraten Andreas Gottschalk polemisiert. Bereits am 1. Mai 1848 hatte er sich in einer Komiteesitzung des Arbeiter-Vereins gegen entsprechende Angriffe verteidigt: „Man sagt, ich sei Communist, das heißt ein Mensch, der das arme Volk in die Abgründe des Unglaubens führen, der ihm den Trost der Hoffnung auf ein besseres Leben nehme, um es in seiner Verzweiflung dann besser beherrschen zu können. Ich antworte darauf, daß meine ungefähr neunjährige ärztliche Laufbahn in dieser Stadt dafür zeugen wird, daß ich immer bereit gewesen, wie es auch meine Pflicht gebot, jedem den Trost der Religion zu bieten, dem meine Kunst keine zu bieten hatte. Wie, meine Herren, ich, der ich mich erdreiste, im Namen des unterdrückten Volkes zu reden, ich sollte so grausam sein, ihm sein letztes Labsal, seinen letzten Trost zu nehmen? *Die* Lüge ist zu verächtlich, als daß ich sie weiter berücksichtige und fordere Sie auf, mich, Ihren Präsidenten, ebenso zur Ordnung zu rufen, wenn ich Ungehöriges gesprochen, als ich es mir mit Jedem von Ihnen erlauben würde."

Lauter Beifall begleitete seine letzten Worte, die ihn weiter von Marx entfernten, für den Religion „Opium des Volkes" ist, lediglich Trost im „Jammertal, dessen Heiligenschein die Religion ist", und Vertröstung aufs Jenseits. Gottschalk fuhr fort: „Man hat gesagt, ich sei Communist, das heißt ein Mensch, der Raub und Totschlag predige oder den Arbeitern Alles nehmen wolle. Wahrlich, Sie müssen 35 Jahre unter der Herrschaft eines solchen Communismus gelebt haben, denn heute ist Ihnen fast gar nichts, kaum das nackte Leben geblieben; schlimmer können Sie es unter keinem anderen Regiment mehr haben, aber gern gestehe ich, daß ich den Sieg der Arbeit, die Vernichtung des Müßigganges will. *Arbeitet* und *Betet* ist die Vorschrift der Religion. So laßt denn jeden arbeiten und tüchtige Arbeit lernen; laßt aber auch jeden die Früchte seiner Arbeit behalten, und Sie werden sehen, daß nicht Sie hungern und elend sind, sondern jene, deren ganze Arbeit in der Ausbeutung Ihres Fleißes durch Vorrechte und staatliche Einrichtungen besteht; jene nur werden dann hungern, falls Ihre Menschenliebe ihnen nicht beisteht, da sie nichts weiter gelernt haben, als in glänzender Weise müßig zu gehen."

Für Marx sind solche Ansichten Ausdruck vertröstender Gefühlsduselei. Er hatte im Vorjahr in der „Deutschen Brüsseler Zeitung" geschrieben: „Die speziellen Prinzipien des Christentums predigen die Feigheit, die Selbstverachtung, die Erniedrigung, die Unterwürfigkeit, die Demut, kurz alle Eigenschaften der Kanaille, und das Proletariat, das sich nicht als Kanaille behandeln lassen will, hat seinen Mut, sein Selbstgefühl, seinen Stolz und seinen Unabhängigkeitssinn noch viel nötiger als sein Brot." Gottschalk legte den Mitgliedern seines Vereins seine ganz andere Auffassung von der „Lehre Jesu Christi" ans Herz: „Ich halte sie mit ganzer Überzeugung für die erhabenste, heiligste Lehre, weil sie das Erstgeburtsrecht der Juden aufgehoben und die *Brüderlichkeit aller Menschen* verkündet hat. Und Jesus Christus ist der Weltheiland, weil er Sünde und Elend diesseits und jenseits vernichten wollte, er ist *Ihr* Heiland, weil er nicht für die Reichen, sondern für das arme Volk stand, lebte und litt; weil er die Geldwechsler aus dem Tempel peitschte, weil er den Schriftgelehrten, Pharisäern und stolzen Priestern entgegentrat, die die Lasten des armen Volkes nur vermehren helfen, die sie selbst nicht einmal mit dem Finger anrühren – weil er endlich den Armen, den Zöllnern und Sündern, den Fischern und Knechten, nicht aber den Reichen, den Müßiggängern und Schwelgern die Gnade und Erlösung bringen wollte. (...) Ihm habe ich nach meinen schwachen Kräften nachzufolgen gesucht und fürchte mich nicht vor keiner Macht der Erde. Das ist *mein* Communismus."

Langanhaltender, von „Lebehoch"-Rufen begleiteter Beifall folgte seiner Rede. Seine religiöse Auffassung ist hier also keineswegs die eines Außenseiters. Immer wieder wird sie auch von anderen geäußert, so etwa vom Faßbinder Christian Joseph Esser in der Generalversammlung am 11. Juni: „Die neue Regierung, welche uns leiten wird, bestehe auf Grundsätzen, welche die Welt respektieren wird, sie bestehe auf den Grundsätzen der Achtung des Nebenmenschen, der Liebe und Religion." Neben einem „Hoch auf die Freiheit" ruft er den eigenen Leuten zu: „Liebet Gott über Alles, und Euren Nächsten wie Euch selbst!"

Das christliche „Bollwerk gegen den Kommunismus"

Wie in Köln werden auch im übrigen Preußen christliche Motive in der entstehenden Arbeiterbewegung vom Bürgertum in der Regel nicht wahrgenommen, geschweige denn akzeptiert. Der Elberfelder Pastor Immanuel Sander hatte bereits gegen die an den Preußenkönig gerichtete Petition des Kölner Stadtrates Unterschriften gesammelt. Erst recht zog er nach der Märzrevolution gegen die „wildchaotisch durcheinander brausenden Elementarkräfte des Volkes" zu Felde, die „die heiligen, von Gott gestifteten Ordnungen zerreißen möchten". An einem von ihm verkündeten Bußtag fragte er in seiner Elberfelder Gemeinde: „Wird das Maul, das so ungescheut die Majestät lästert und wider Gott im Himmel steif, stolz und höhnisch redet, so ungestraft fortreden und alles vernichten?" Beim König mahnte er Stärke an, bei Abgeordneten der Nationalversammlung stellte er „Gegner des biblischen Christentums" fest, und Verachtung äußerte er über „Polen, Italiener und Juden, die jetzt Minister werden können". In der Monatsschrift „Stimmen aus und zu der streitenden Kirche" erklärten die Radevormwalder Pfarrer Ernst Friedrich Ball und Daniel Gottlieb Müller: „Wessen Werk der Aufruhr und wessen Kinder die sind, welche die Majestäten lästern und die Herrschaften verachten, brauchen wir denen nicht zu sagen, welche wissen, daß der Teufel der erste Aufrührer wie der erste Mörder ist."

Die orthodoxen Verdammungsurteile stehen im Einklang mit kirchenamtlichen Verlautbarungen. In Koblenz, dem Sitz des rheinpreußischen Oberpräsidiums wie des landeskirchlichen Konsistoriums, erhebt Generalsuperintendent Johann Abraham Küpper, der einst – Ironie der Geschichte – als Religionslehrer in Trier den Abituraufsatz des jungen Marx im Fach Religion „lobenswert" fand, seine warnende Stimme. Er forderte seine Pfarrerschaft auf zu verkünden, „daß die Obrigkeit von Gott verordnet ist, als Grundpfeiler des staatlichen Organismus, der nicht erschüttert werden kann, ohne daß der Staat schwankt und einzustürzen droht." Zuwiderhandelnde würden „dem höchsten Gericht verfallen". Seine Mahnungen beschloß Küpper wenige Tage nach dem März-Massaker in Berlin mit einem Lobpreis des Königs: „Stellen wir ins hellste Licht, was er bis dahin seinem Volk gewesen, wie er mit der huldreichsten Freundlichkeit, der größten Milde, dem tätigsten Erbarmen regiert, in allen Richtungen Mängel und Übel beseitigt, die geistigen und materiellen Kräften des Landes gehoben und sich der Kirche und Schule mit reiner Liebe angenommen".

Die von rheinpreußisch-protestantischen Pfarrern geleitete „Evangelische Gesellschaft" formiert sich nun im Sommer 1848 zu einem Damm gegen die Revolution, gegen das „Antichristentum herumziehender Volksverführer". Und nachdem schon im Vorjahr in den „Stimmen aus und für die streitende Kirche" festgestellt worden war, es sei „erfreulich zu wissen, daß die Christen Deutschlands durch christliche Jünglingsvereine für Handwerker diesen verderblichen Umtrieben ein Bollwerk entgegenzusetzen bemüht sind", beginnt jetzt im Juli der Ronsdorfer Pfarrer Gerhard Dürselen mit dem Aufbau eines „Rheinisch-Westfälischen Jünglingsbundes". Auch der vom Kölner Pfarrer Karl Küpper geleitete „Jünglingsverein" ist in diese Initiative mit einbezogen – und damit auch in die Gegnerschaft gegen die „verderblichen" Arbeiter-Vereine.

Die mildtätigen Frauen

Manche Frauen protestantischer Unternehmer engagieren sich im sozialen Bereich. Kontakte zu dem ebenfalls sozial engagierten protestantischen Arzt Andreas Gottschalk sind nicht zu erkennen. Träger solcher weiblichen Aktivitäten ist seit 1824 der „Frauenverein", der sich laut Statuten aus „angesehenen Frauen der Gemeinde" zusammensetzt und insbesondere die evangelische „Armenfreischule" fördert, die sich „zu thätiger Hilfe auffordernde, eine zweckmäßige und sittliche Erziehung der Schuljugend der Armen" zum Ziel gesetzt hat. In dieser vom preußischen Köng mit einer finanziellen Starthilfe versehenen Ganztagsschule erhalten die Kinder freien Unterricht, freie Kleidung und ein Abendbrot. Für die übrigen Mahlzeiten sind die Eltern verantwortlich. Zwar brauchen sie, anders als bei städtischen Schulen, kein Schulgeld zu zahlen, dafür aber müssen die Kinder „zum Besten der Anstalt in der Werk-Schule arbeiten" – für Kölner Fabrikanten, mit denen die Schule Lieferverträge abschließt. Die Knaben und Mädchen erhalten „wo möglich ein Drittheil des Arbeiter-Verdienstes" zugebilligt, damit sie schon früh „den Werth der Arbeit und des Verdienstes zu schätzen lernen, aber auch zugleich gehalten werden, von den empfangenen Wohlthaten abzuverdienen". Daß Andreas Gottschalk, der die schulische Trennung armer Kinder von denen reicher Leute strikt ablehnt, zu den Trägern und Trägerinnen dieser evangelischen Armenfreischule offensichtlich keinen Kontakt hat, ist gewiß nicht verwunderlich.

Es sind die evangelischen Gattinnen der größten Zuckerunternehmer, Textil-, Wein- und Wildhäutehändler, der Finanz- und Justizräte, des Landgerichts- und des Regierungspräsidenten, die sich zusammen mit den Gattinnen der Pfarrer vornehmlich für die Armenschule, das Waisenhaus und andere Einrichtungen der Evangelischen Kirche in Köln einsetzen. Daß sie Dr. Gottschalks Tätigkeit, der sich seit dem 3. März 1848 vehement für die „vollständige Erziehung aller Kinder auf öffentliche Kosten" einsetzt, weniger ablehnend als ihre Männer gegenüberstehen, ist unwahrscheinlich. Die Quellen geben auch hier keine Auskunft.

Rufer in der preußisch-protestantischen Wüste

Als Repräsentant des Arbeiter-Vereins und Demokrat arbeitet Gottschalk innerhalb eines breiten Bündnisses. Als derart engagierter Protestant ist er in der evangelischen Kirche jedoch weitgehend isoliert – nicht nur in Köln. Im Rheinland gibt es nur wenige evangelische Wortführer, nur wenige Lehrer und noch weniger Pfarrer, die der preußisch-protestantischen Obrigkeit kritisch gegenüberstehen oder gar als Demokraten aktiv sind. Der Seminardirektor Adolf Diesterweg, der bereits Generationen von Lehramtskandidaten geprägt hat, gehört zu ihnen. Noch ganz unter dem Eindruck der Märzereignisse appellierte er im April in seinen „Rheinischen Blättern für Erziehung und Unterricht" an die Lehrer, „die großen Errungenschaften der Berliner Barrikaden zu benutzen". Es sei jetzt an der Zeit, dem „Lügensystem, der Heuchelei, dem frommen Schein, der Despotie sogenannter Rechtgläubigkeit" und der „Hinweisung auf die Freuden des Himmels bei Fortbestand entwürdigender und abzuändernder Zustände auf der Erde" ein Ende zu bereiten.

Zu den wenigen Pfarrern, die hier noch zu nennen sind, gehört David Küllenberg, zugleich Bürgervereinspräsident im Eifelort Schleiden. Er beurteilt sogar den „sozialen Charakter der Revolution" positiv. Der vierte Stand, so fordert er, sei hinfort als den anderen Ständen ebenbürtig und gleichberechtigt anzuerkennen. Der Staat müsse den Arbeitern eine menschliche Existenz sichern und erkennen, daß „die politischen Wirren ihren Ursprung aus den sozialen Verhältnissen" genommen haben.

Ähnlich wie Gottschalk begründet der in Hamburg wirkende Baptistenprediger Julius Salomon Köbner, Sohn eines jüdischen Kaufmanns, seine radikalen Auffassungen unter Bezug auf die Botschaft Jesu. In seinem im Juni veröffentlichten „Manifest des freien Urchristentums" erklärt er, Gott habe in jüngster Zeit „die Ketten der bürgerlichen Unterjochung" zerbrochen. Jesus habe eine religiöse Freiheitsbewegung anstoßen wollen, die bis in die christliche Gemeinde hineinreiche. Mit dem Wort „Einer ist euer Meister; ihr aber seid Brüder" habe er „jedes aristokratische oder hierarchische Element" auch aus der christlichen Gemeinde entfernt.

Zu einer Vernetzung der demokratisch oder sozialistisch gesinnten Protestanten kommt es – anders als bei den Arbeiter-Vereinen – in dieser Zeit noch nicht. Erst sechzig Jahre später wird mit der Gründung eines Bundes religiöser Sozialisten ein solches Ziel erreicht werden.

Der umstrittene Weg zum politischen Ziel

Nachdem Gottschalk bereits durch die Kölner Rathausaktion mit nachfolgendem Prozeß in politische Turbulenzen geraten war, verschärft sich nun die Konfliktsituation für ihn. Er wird zu einem wesentlichen Gegenspieler von Karl Marx, dessen taktisches Bündnis mit den bürgerlichen Demokraten er ablehnt und in der Zeitung des Arbeitervereins auch publizistisch bekämpft. Für Marx wird er auf lokaler Ebene der erste Kontrahent im Bereich politischer Praxis überhaupt. Gleichzeitig mißbilligt er erneut den revolutionären Aktionismus Georg Herweghs, dem sich inzwischen auch sein Freund August von Willich angeschlossen hat. Er selbst hat freilich auch von der Hoffnung Abschied genommen, eine gerechtere Gesellschaft könne mit Hilfe der Monarchie errungen werden.

Kontrovers verlief innerhalb des Arbeiter-Vereins bereits die Diskussion über den preußischen „Kartätschenprinz" Wilhelm, einen der Hauptverantwortlichen für die blutigen Ausschreitungen während der Berliner Märzrevolution. Nach dem 18. März 1848 war er nach London ausgewichen, soll nun aber nach dem Willen des Ministers Camphausen zurückgerufen werden. Während eine Volksversammlung im Stollwerckschen Saal im Mai einen mit 8.295 Unterschriften versehenen

Protest an den König verabschiedete, erklärte ein Komiteemitglied des Arbeiter-Vereins diesen Protest für ungesetzlich; das Volk habe kein Recht, den Prinzen ohne Gerichtsurteil in die Verbannung zu schicken. Anneke widersprach: Der Prinz sei nicht verbannt worden, sondern sei heimlich vor der Volkswut geflohen. Gottschalk, der zu diesem Zeitpunkt aus realpolitischen Gründen immer noch Anhänger einer Monarchie auf demokratischer Grundlage war, verteidigte dagegen „die Erblichkeit des Thrones und die Heiligkeit der Staatsform". Erstrebe man jetzt schon die Republik, dürfe man nicht nur den mutmaßlichen Thronerben verbannen, der überdies nicht allein für die Bluttaten des 18. März verantwortlich sei, sondern müsse die Monarchie insgesamt abschaffen.

Doch schon in der zweiten Maihälfte änderte Gottschalk seine Aussagen. Nun erklärte er, Ziel des Vereins sei „der Sieg, die Herrschaft der arbeitenden Klassen". Bis dahin würden vielleicht noch Monate, aber gewiß nicht Jahre vergehen. Geduld sei vonnöten, vorzeitiges Losschlagen würde alles gefährden. Und in der Generalversammlung vom 4. Juni 1848 fordert er erstmalig die Einführung der Republik. Nur sie schaffe wahre Freiheit. Die Monarchie sei nur die Tyrannei eines Einzelnen und schuld daran, daß Tausende hungerten. Doch auch jetzt warnt er vor Exzessen. Das Ziel sei nur auf gesetzlichem Wege zu erreichen.

Freiligraths „Trotz Alledem"

Höhepunkt der Generalversammlung vom 4. Juni ist der Besuch Ferdinand Freiligraths. Nicht enden wollender Beifall brandet auf, als er den großen Saal des Gürzenich betritt. „Meine Herren!" ruft Gottschalk. „Der erste Dichter des deutschen Volkes, der Sänger der Freiheit ist hier erschienen, um Ihnen seine Theilnahme zu bekunden. Herr Freiligrath wird Ihnen seinen Dank für Ihre warme Anerkennung, zugleich als Zeichen des innigsten Anschlusses an Ihre Bestrebungen dadurch zu bekunden suchen, daß er Ihnen das jüngste Erzeugnis seiner Muse vorträgt." Mit leiser Stimme rezitiert Freiligrath erstmals sein Gedicht „Trotz alledem":

Das war 'ne heiße Märzenzeit,
Trotz Regen, Schnee und alledem!
Nun aber, da es Blüten schneit,
Nun ist es kalt, trotz alledem,
Trotz alledem und alledem,
Trotz Wien, Berlin und alledem, –
Ein schnöder scharfer Winterwind
Durchfröstelt uns trotz alledem!

Das ist der Wind der Reaktion
Mit Mehlthau, Reif und alledem!
Das ist die Bourgeoisie am Thron,
Der annoch steht, trotz alledem!
Trotz Blutschuld, Trug und alledem,
Er steht noch und er hudelt uns
Wie früher fast, trotz alledem!

Die Waffen, die der Sieg uns gab,
Der Sieg des Rechts, trotz alledem,
Die nimmt man sacht uns wieder ab,
sammt Kraut und Loth und alledem!
Trotz alledem und alledem –
Wir werden unsre Büchsen los,
Soldatenwild trotz alledem! (…)

Denn ob der Reichstag sich blamiert
Professorhaft trotz alledem!
Und ob der Teufel reagiert
Mit Huf und Horn und alledem –
Trotz alledem und alledem,
Trotz Dummheit, List und alledem,
Wir wissen doch: die Menschlichkeit
Behält den Sieg trotz alledem! (…)

Nur was zerfällt, zertretet ihr!
Seid Kasten nur, trotz alledem!
Wir sind das Volk, die Menschheit wir,
Sind ewig drum, trotz alledem!
Trotz alledem und alledem!
So kommt denn an, trotz alledem!
Ihr hemmt uns, doch ihr zwingt uns nicht –
Unser die Welt trotz alledem.

Mit seiner Enttäuschung über die bisher ergebnislosen Debatten des Frankfurter Parlaments spricht Freiligrath den Mitgliedern des Arbeiter-Vereins aus dem Herzen. Wieder ertönt lang anhaltender Beifall. Da nicht alle im Saal seine Worte verstehen konnten, trägt Gottschalk das Gedicht noch einmal vor.

Ferdinand Freiligrath (1810-1876)

„Solidarität mit August von Willich

Ende Mai 1848 war ein Antrag Fritz Annekes in der Kölner „Demokratischen Gesellschaft", den in Frankreich darbenden Willich finanziell zu unterstützen, abgelehnt worden. Man sei schon genug verleumdet worden und wolle nicht durch solche Unterstützung auch noch revolutionärer Umtriebe verdächtigt werden, hieß es dort. Anneke war daraufhin aus der Demokratischen Gesellschaft ausgetreten und hatte Gottschalk um Mithilfe gebeten.

Gemeinsam veröffentlichen die beiden Freunde nun am 4. Juni in der Vereinszeitung einen politisch begründeten Spendenaufruf für Willich und seine 320 Mitstreiter, die in Besançon in ärmlichsten Verhältnissen darben: „Wir mißbilligen den Feldzug, weil der Mehrheit eines Volkes die unbedingte Freiheit, seine Verfassung zu bestimmen, zusteht und für eine Republik die Mehrheit erst republikanisch sein muß. Aber dieser eine Irrthum Willichs soll uns nicht abhalten, hiermit öffentlich zu erklären, daß wir stolz sind auf seine Freundschaft, daß wir ihn lieben und achten nicht bloß wegen seiner ausgezeichneten Gaben des Geistes und des Herzens, sondern weil wir selbst in der Theilnahme an jenem unglücklichen Unternehmen seinen edlen, wahrhaft ritterlichen Sinn wiedererkennen, der für eine gute Sache nicht bloß mit Worten ficht, sondern auch mit seinem Blute einsteht, der für das Volk kämpft, der vom Volke niemals läßt, selbst wenn es unterliegt und Haß, Verachtung und Verleumdung statt Lorbeer und Lohn in Aussicht hat."

Durch den Zwist mit der Demokratischen Gesellschaft vergrößert sich erneut die Distanz zu Karl Marx, dem Mitgründer dieser Gesellschaft, die ihn sogar zu ihrem Präsidenten gemacht hatte.

Eine Attacke auf die „Neue Rheinische Zeitung"

Westfälische Freunde von Marx hatten im Mai in ihrer Zeitschrift „Westfälisches Dampfboot" das Konzept einer von ihm geplanten neuen Zeitung angekündigt. Die demokratische Partei könne ihren Kampf nicht mit kleinen Lokalblättern führen, sondern benötige eine Zeitung, die „die Entwicklung des ganzen zivilisierten Europa verfolgt, ihre Berichterstatter und Korrespondenten in allen Ländern und allen großen Städten hat und dadurch an einer innigeren Verbindung der Demokraten aller Länder kräftig mitwirkt". Der Kampf der „Proletarier aller Länder" wird hier aus taktischen Gründen verschwiegen. Statt dessen werden Zielvorstellungen in einer blumigen Sprache formuliert, die Marx sonst Gottschalk vorwürft: „Überall, im Ackerbau, in der Industrie, im Handel, im Unterrichtswesen usw. sind die bedeutendsten Reformen eine anerkannte Notwendigkeit. Das Volk verlangt ein freies, fröhliches Leben in freier, fröhlicher Arbeitsamkeit." Es gehe darum, „die nach Stand und Örtlichkeit sich widerstreitenden Interessen einer gemeinsamen, das Gesamtwohl begründenden und unterwerfenden Ordnung zu unterwerfen". 13.000 Taler Betriebskapital konnten für die Zeitung zusammengebracht werden. Ende Mai meldete die „Düsseldorfer Zeitung": „Gemäß Beschluß der Generalversammlung der Aktionäre erscheint die ‚Neue Rheinische Zeitung' vom 1. Juni an täglich. Die obere Leitung der Redaktion übernimmt Hr. Dr. Karl Marx, ehemaliger Redakteur der ‚Rhein. Zeitung'."

Nach ersten scharfen Artikeln ziehen sich die Aktionäre allerdings zurück. Marx muß beträchtliche Summen aus der eigenen Tasche zuschießen. Gottschalk beobachtet die Entwicklung mit Argwohn und bemerkt am 11. Juni in der Zeitung des Arbeiter-Vereins, schon nicht mehr ganz zutreffend: „Die Welt ist voller Widersprüche. So kündigt sich auch die ‚Neue Rheinische Zeitung' als ‚Organ der Demokratie' an, während sie sich in den Händen eingefleischter Aristokraten, und zwar der gefährlichsten von allen, der Geldaristokraten, befindet." Außerdem habe Marx' Drucker den Schriftsetzern skandalös niedrige Löhne aufnötigen und sie dazu verpflichten wollen, daß innerhalb einer Woche „nicht mehr als ein Einziger die Arbeit kündigen dürfe". Die zum Teil mittellosen Schriftsetzer hätten daraufhin allesamt gekündigt und wären durch andere ersetzt worden. In einer Gegendarstellung erwidert der Druckereibesitzer, er habe lediglich eine Lohnerhöhung abgelehnt. Drei der anfänglich eingestellten Schriftsetzer seien zurückgekehrt. Im übrigen sei er kontraktlich verpflichtet, die Zeitung zu einem festgelegten Preise und pünktlich fertigzustellen. Marx selber äußert sich nicht zu diesem Vorgang.

Politisches Wetterleuchten - der Juni 1848

Der Juni 1848 bringt in Köln zwar eine Polarisierung innerhalb der demokratischen Bewegung, in Deutschland insgesamt jedoch eine Stärkung der demokratischen Kräfte mit sich, freilich auch eine Zunahme der reaktionären Gewalt, die sich in Preußen noch verhalten äußert, im fernen Paris ein furchtbares Ausmaß annimmt und in Köln zu einem monatalangen Tendenzprozeß gegen Gottschalk und zwei seiner Mitstreiter führt.

Demokratische Bündnispolitik

Im Mai hatte der Hanauer Arbeiter-Verein dem Kölner Verein vorgeschlagen, einen deutschen Arbeiterkongreß zu organisieren. Gottschalk hatte das mit
der Begründung abgelehnt, es müßten sich erst noch mehr Arbeiter-Vereine bilden. Auch Meinungsverschiedenheiten mit anderen Vereinen ließen ihn vorerst
zögern. Doch noch im gleichen Monat beteiligte er sich selbst an einer bündnis-
politischen Initiative: der Verbindung aller Demokratischen Vereine in Deutschland zu einem Gesamtverein, der sich nach einem Vorschlag von Marburger
Demokraten „mit den Arbeiter- und Turnvereinen in Verbindung setzen und
seine Kraft durch diese verstärken" sollte. Von den Militärbehörden wird die
Tätigkeit der rheinischen Demokraten mit steigendem Argwohn beobachtet und
maßlos überschätzt. Der Kölner Stadtkommendant Friedrich Engels – er ent-
stammt der gleichen Hugenottenfamilie d'Ange wie sein radikaler Namensvetter
– hält den Generalkommandeur in Koblenz, Major Albrecht von Roon, ständig
auf dem Laufenden. Von Roon schreibt am 10. Juni an seine Frau: „Wir haben
die sichersten Anzeichen, daß zu Pfingsten oder kurz nachher, d.h. also in den
nächsten Tagen, ein großer Schlag, ein Putsch im anarchistischen Sinne in allen
großen Städten beabsichtigt wird, namentlich in Frankfurt und Köln. (...) Anneke und Gottschalk in Köln sowie ihre Spießgesellen in Aachen, Düsseldorf usw.
wollen gleichzeitig losbrechen, auch in Trier zieht sich wieder eine drohende
Wolke zusammen. Dies alles soll mit einem in Berlin geführten Schlage gleichzeitig wirken, damit die Katastrophe eine vollkommene sei." In Wirklichkeit ist
nichts dergleichen geplant.

Vom 14. bis 16. Juni findet in Frankfurt ein Demokratenkongreß statt,
gleichzeitig auch ein vom Marburger Arbeiter-Verein angeregter Treff vieler
Arbeiter-Vereine, die gemeinsam eine soziale demokratische Republik anstreben
wollen. Gottschalk setzt sich jetzt für einen Arbeiter-Gesamtkongreß ein. Und
entschieden fordert er jetzt die demokratische Republik als einzige für das deutsche Volk mögliche Verfassung. Die Kongreßmehrheit ändert das Wort „möglich" in „haltbar" und macht sich Gottschalks Forderung so zu eigen. Zwar
scheitert sein Mißtrauensantrag gegen die Parlamente in Berlin und Frankfurt,
aber man erklärt sich auf seinen Vorschlag hin mit allen Völkern solidarisch, die
die demokratische Verfassung bereits erlangt haben oder noch erstreben. Sein
Hauptziel bleibt freilich, die Arbeiter „zu einer großen, starken, in sich eng vereinigten Partei zu organisieren". Die Marx-Anhänger in Frankfurt verfechten
demgegenüber vor allem eine Stärkung aller demokratischen Kräfte – getreu der
Devise des Kommunistischen Manifests, vorerst „gemeinsam mit der Bourgeoisie gegen die absolute Monarchie, das feudale Grundeigentum und die Klein-
bürgerei" zu kämpfen. Aus diesem Grund reagieren sie auch distanziert auf die

Bemühungen des einflußreichen Stefan Born, eine auf Arbeiter beschränkte Organisationsform zu entwickeln.

Der aus Posen stammende 24jährige Stefan Born – vor seiner Taufe Simon Buttermilch – war als wandernder Schriftsetzergeselle 1847 in Paris dem Bund der Gerechten und unter dem Einfluß von Marx danach dem Bund der Kommunisten beigetreten. Im April 1848 hatte er ein „Zentralkomitee für Arbeiter" gegründet, dem sich rasch Gewerk- und Arbeiter-Vereine aus Nord- und Mitteldeutschland anschlossen. Borns Beschränkung auf Sozialpolitik führte zur Entfremdung von Marx, hingegen aber zur Annäherung an Gottschalk, den er im Mai bei einem Besuch in Köln kennenlernte.

Während Gottschalk noch in Frankfurt agiert, kommt es in Köln am 17. Juni zu einem Tumult auf dem Alter Markt. Die jahrelange, von den Verantwortlichen nur unzulänglich bekämpfte Arbeitslosigkeit hat die rebellische Stimmung in der Bevölkerung verstärkt. Flugblätter tauchen auf, die eine baldige Wende prophezeien. Die Bürgerwehr hält sich zurück. Gerüchte machen die Runde, die Kölner Teilnehmer am Frankfurter Kongreß würden nach ihrer Rückkehr Waffen von der Kommandantur verlangen und sie sich nach Berliner Vorbild notfalls aus dem Zeughaus holen. Kölns Festungskommandant Oberst Engels befürchtet den möglichen Verlust von 1.000 bis 2.000 Gewehren.

Die Generalversammlung des Kölner Arbeiter-Vereins

Als die Kölner aus Frankfurt heimkehren, wird Gottschalk von seinen Anhängern triumphal empfangen und auf den Schultern zur Komiteesitzung getragen, auf der er von den Frankfurter Ergebnissen berichtet. Danach reist er nach Düsseldorf und Aachen, um die dortigen Vereine zu ermutigen und zu stärken. Am 24. Juni wird in Köln ein Gremium gebildet, das die Arbeit des Arbeiter-Vereins, der Demokratischen Gesellschaft und des ebenfalls demokratischen, jedoch sehr auf Interessenausgleich bedachten „Vereins der Arbeiter und Arbeitgeber" koordinieren soll. Gottschalk beantragt trotz seiner Skepsis gegenüber den Demokraten einen solchen Zusammenschluß. Bei über 7.000 Anhängern hätte er dabei den größten Einfluß. Doch die Demokratische Gesellschaft, die sich nur auf 700 Mitglieder stützen kann, lehnt ab. Ein Generalmajor meldet an diesem Tag höchst beunruhigt an das Generalkommando in Koblenz: „Die Dinge nehmen ein unheimliches Gesicht an, und es muß hier sehr wahrscheinlich zu einem Ausbruch kommen."

Vorerst kommt es am 25. Juni nur zu einer von über 2.000 Mitgliedern des Arbeiter-Vereins besuchten Generalversammlung. Sie tragen rote Bänder in ihren Knopflöchern und fordern den Aufstand. Wenn Waffen nicht ausreichten, müsse man notfalls mit Hacken, Schüppen und Steinen losschlagen. Gottschalk, der solche Aufstände ablehnt, will gleichwohl vermeiden, als Abwiegler dazustehen. Deshalb versichert er der Versammlung, in Süddeutschland sei man entschlossen, an die Erringung der Republik „Gut und Blut zu setzen". Auch er ist für den Kampf gegen die Tyrannei der Großen, aber nun hänge alles von Berlin ab. Eine Provinz- und Festungsstadt wie Köln könne keine Revolution machen, sondern nur einen Krawall, allenfalls eine Revolte. Mit Freude verweist er auf die Erfolge der Revolution in Frankreich. In diesem Augenblick weiß er noch nicht, daß in Paris die Arbeiterrepublik im Blut der Arbeiter erstickt wurde.

Trotz militärischen Verbots ist die Generalversammlung auch von einigen Soldaten besucht worden. Einer von ihnen wendet sich in der nächsten Ausgabe der Vereinszeitung unter dem Pseudonym „Füselier Fürchte dich nicht" an seine Kameraden. Er fragt: „Warum durften wir, Soldaten, die Generalversammlung des Arbeiter-Vereins nicht besuchen, oder warum mußten wir von 3 bis 7 Uhr in der Kaserne bleiben?" Seine Antwort: „Weil Ihr dort gehört haben würdet: 1) daß alle Menschen gleichberechtigte Brüder sind; 2) daß ein Menschenmord ein Brudermord ist. Aber, werdet Ihr fragen: ,Ist dies denn so gefährlich und schlimm, so steht's ja doch in der Bibel?' – Ei, freilich nicht, aber man fürchtet, Ihr könntet Euch Eures Christentums zur unrechten Zeit erinnern, etwa wenn der Herr Major v. S. oder Oberst v. E. Euch beföhle, wehrlose und hungernde Arbeiter niederzuschießen, damit der Herr Major Oberst und der Herr Oberst General würde. (...) Was sollte aus allen diesen blanken Herren werden, wenn es mit einem Male im Parolebefehl hieße: Jeder solle nach Hause gehen und von seiner Arbeit leben, und Du Hans, nähmst die Hacke, Du Kunz den Pfriem, Du Hinz die Nadel?"

Der Füselier nennt noch vier weitere Gründe, warum den Soldaten der Besuch der Generalversammlung verboten wurde: Erstens würde es in der geplanten Republik nicht mehr das übliche Militär, sondern nur noch die Landwehr geben, die sich ihre Offiziere selber wählen würde. Zweitens würden alle Diensttuenden mehr oder weniger das gleiche Gehalt bekommen. Drittens würden Steuern dann nicht mehr dazu benutzt werden, „um Ehrenzeichen, Orden, Waffenröcke, Helme und allerlei solchen kindischen und leeren Schnickschnack zu bezahlen, der noch keinen vor Hunger und Durst bewahrt hat, sondern um damit Erziehungshäuser zu gründen, worin alle Kinder und nicht bloß adlige Cadetten tüchtig erzogen werden können; und um damit Zufluchtsstätten für alte, schwache Arbeiter zu stiften, um damit Unterstützungskassen für alle Witwen und Waisen anzulegen, wie sie jetzt bloß für Offiziersweiber und ihre Fräulein bestehen." Viertens und letztens definiert der Füselier den zukünftigen Zustand der Gesellschaft im Vergleich zum jetzigen kurz und bündig so: „In einer Republik ist alles erlaubt, was nicht ausdrücklich verboten ist, in unserem Land dagegen ist alles verboten, was nicht ausdrücklich erlaubt ist."

Das alles habe er im Arbeiter-Verein erfahren, schreibt der Füselier, und nun wisse er auch, warum die militärischen Vorgesetzten über den Verein und seinen Präsidenten schimpften und fluchten. „Soll doch sogar der Herr Lieutenant B. in Aachen die Soldaten seiner Compagnie aufgefordert haben, den Dr. Gottschalk zu ermorden, er werde es schon verantworten." Er könne gut verstehen, daß Offiziere den Verein ablehnten. Warum aber Unteroffiziere und Feldwebel, die es nach zwölfjährigem Dienst „höchstens zu einem Hundeposten auf der Chaussee oder im Arresthause oder auf der Post oder, wenn es hoch kommt, in einem Regierungsgebäude als Bote oder als Polizist bringen oder endlich mit allerhöchster Erlaubnis als Leiermann ohne Steuerabgabe durch das Land ziehen", das könne er nicht begreifen – „wenn es nicht mehr Dummköpfe als gescheute Leute in der Welt gäbe".

Die Ereignisse dieser Wochen verstärken die Befürchtungen des Militärs. Ende Juni schreibt Oberst Engels an Generalmajor von Roon: „Der Aufruhr kann über Nacht ausbrechen, da ständige Agitation die Gemüter in Bewegung hält; mit Abfall eines Teils der Bürgerwehr und Übertritt zu den Aufständischen muß gerechnet werden." Auch die Begüterten in Köln sind aufgeschreckt. Der protestantische Zucker-Unternehmer Johann Jakob vom Rath, der wie andere rheinische Industrielle ein Gut am Rhein besitzt, beschäftigt seine Arbeiter in diesen Wochen auf seinem Gelände am Rodderberg bei Bad Godesberg. Er läßt sie dort einen Turm bauen – weit genug vom Kölner Arbeiter-Verein und allen demokratischen Umtrieben entfernt.

Das Massaker in Paris

Die politischen Konflikte in Frankreich haben sich im Jahr 1848 immer mehr zugespitzt. Der Erfolg, den die Arbeiter noch in der Februarrevolution errungen hatten, schien sich anfänglich fortzusetzen. Der reformorientierte Sozialist Louis Blanc, Mitglied der bürgerlichen Regierung, regte Produktivassoziationen („ateliers sociaux") an, die durch die Kreditpolitik einer im öffentlichen Eigentum befindlichen Nationalbank die kapitalistische Wirtschafts- und Gesellschaftsordnung langsam überwinden sollten. Doch in den Nationalwerkstätten, die in diesem Zusammenhang entstanden, kam es lediglich zu Notstandsarbeiten. Der per Dekret durchgesetzte Ausschluß unverheirateter Arbeiter provozierte im Juni einen Massenprotest, dem die Schließung der Werkstätten folgte. Als Arbeiter und Arbeitslose dagegen rebellierten, wurden zehntausend von ihnen unter Führung des Generals Cavaignac in einem viertägigen Barrikadenkampf niedergemetzelt oder als Gefangene umgebracht. Der als Anstifter des Aufstands denunzierte Louis Blanc floh nach England.

In einer Komiteesitzung des Kölner Arbeiter-Vereins werden daraufhin am 26. Juni Stimmen laut, die einen Aufstand nach Pariser Vorbild fordern. Gottschalk lehnt das ab. Daraufhin wirft man ihm Unentschlossenheit vor; man müsse Partei ergreifen und eine Entscheidung herbeizwingen. Der Angegriffene warnt: „Mir bangt, der Hunger, die Verzweiflung hat die Armen in den Kampf getrieben, in dem sie der Masse ihrer Feinde erliegen werden. „Bürger, Arbeiter, laßt euch die Vorgänge in Paris zur Warnung dienen, tadelt mich nicht mehr, wenn ich Euch von Exzessen abhalte." Trotz Einwänden und Zwischenrufen beharrt er auf seiner Befürchtung: „Euer Blut würde umsonst geflossen sein!" Die Neue Rheinische Zeitung argumentiert seit ihrem Bestehen in ähnlicher Weise. Nach dem Pariser Massaker ergänzt Marx solche Argumente in seiner Zeitung durch leidenschaftliche Anklagen: „Man wird uns fragen, ob wir keine Träne, keinen Seufzer, kein Wort für die Opfer haben, welche vor der Wut des Volkes fielen, für die Nationalgarde, die Mobilgarde, die republikanische Garde, die Linie? Der Staat wird ihre Witwen und Waisen pflegen, Dekrete werden sie verherrlichen, feierliche Leichenzüge werden ihre Reste zur Erde bestatten, die offizielle Presse wird ihnen huldigen vom Osten bis zum Westen. Aber die Plebejer, vom Hunger zerrissen, von der Presse geschmäht, von den Ärzten verlassen, von den Honetten Diebe gescholten, Brandstifter, Galeerensklaven, ihre Weiber und Kinder in noch grenzenloseres Elend gestürzt, ihre besten Lebenden über die See deportiert – ihnen den Lorbeer um die drohend finstere Stirn zu winden, das ist das Vorrecht, das ist das Recht der demokratischen Presse."

Die herrschenden Kreise in Köln sind in höchstem Maße beunruhigt. Am 22. Juni hatte die Kölnische Zeitung über den Mangel an öffentlicher Ordnung geklagt und Polizei und Militär Feigheit vorgeworfen: „Je unruhiger und revolutionärer die Zeit, umso strenger und ernster muß das Gesetz gehandhabt werden." Der Stadtkommandant wies den Vorwurf zurück. Man war sich seitens der Truppenführung allerdings nicht einig. Genügt ein öffentlicher Zug mit roten Fahnen, um einzugreifen? Ein Generalmajor meinte, die Bereitschaft zum Aufruhr müsse sich „durch Tätlichkeiten prononciert haben". Die lassen nun nicht lange auf sich warten. Am 28. Juni wird nach einer erregten Versammlung der Harffsche Saal auf dem Domhof demoliert und danach eine mit Lärminstrumenten produzierte mißtönende „Katzenmusik" vor dem Haus des preußischen Ministerpräsidenten Ludolf Camphausen veranstaltet, an dem nach Oberst Engels' Bericht 17 Fensterscheiben zu Bruch gehen. Am nächsten Tag ziehen Gruppen mit roten Fahnen durch die Stadt. Daraufhin fordert der Gemeinderat auf Anraten der Bürgerwehr, Kinder und Dienstboten sollten bei Unruhen zu Hause und die Häuser geschlossen bleiben. Und Gottschalk warnt die Arbeiter erneut vor Krawallen.

IV. | Der Prozeß

Kölner Ärzte sind in dieser Zeit nicht die einzigen, die sich als Demokraten in die Politik einmischen. Allen voran ist es der pommersche Pathologe Rudolph Virchow, der im Juli 1848 in Berlin mit der neugegründeten Zeitschrift „Die Medicinische Reform" das gesellschaftliche Engagement der Mediziner fordert: „Die Ärzte sind die natürlichen Anwälte der Armen, und die sociale Frage fällt zu einem erheblichen Teil in ihre Jurisdiction." Virchow fordert – ähnlich wie Gott-schalk – eine verfassungsmäßig garantierte öffentliche Ge-sundheitspflege, eine Verbes-serung der medizinischen Ver-sorgung für arme Kranke und ein größeres Mitspracherecht ärztlicher Vereine in Medi-zinalangelegenheiten. Das „Recht auf gesundheitsmäßige Existenz" solle Verfassungs-rang erhalten. Virchow und andere Berliner Ärzte berufen sich dabei auf die Zweckbe-stimmung des Staates, die als „sittliche Einheit aller einzel-nen" und „solidarische Ver-pflichtung Aller für Alle" defi-niert wird. Zu den staatlichen Aufgaben gehöre es daher, „die Mittel zur Erhaltung und Ver-mehrung der Gesundheit in möglichst grösstem Umfange durch die Herstellung öffentli-cher Gesundheitspflege und öffentlichen Unterrichts zu gewähren". Nicht nur sollen

Rudolf Virchow (1821–1902)

wie bisher die Ärmsten der Armen berechtigt sein, kostenlose medizinische Hilfe in Anspruch zu nehmen, sondern auch diejenigen, die außer ihrer Arbeitskraft kein ausreichendes Einkommen haben.

Massiver als gegen Virchow, der lediglich berufliche Schikanen und publizistische Einschränkungen zu erleiden hat, versuchen die Vertreter der Staatsmacht in Köln nun gegen Gottschalk vorzugehen, der die Obrigkeit von der Gründung des Arbeitervereins an bis hin zu seinen Juni-Reden in Frankfurt immer mehr gegen sich aufgebracht hat. Mit maßlosen Anklagen bedrohen sie nicht nur seine berufliche Existenz, sondern auch sein Leben.

Verhaftungsaktionen

Während sich die Staatsgewalt der Neuen Rheinischen Zeitung gegenüber mit Repressionsmaßnahmen seltsamerweise noch zurückhält, verhaftet sie am 3. Juli zwei der wichtigsten Wortführer des Kölner Arbeiter-Vereins. Um sechs Uhr morgens dringen sechs Gendarmen in Gottschalks Wohnung ein. Drei besetzen das Haus, die anderen gehen mit der Hauswirtin hinauf in sein Schlafzimmer. Die Zeitung des Arbeiter-Vereins kommentiert drei Tage später die weiteren Maßnahmen nicht ohne grimmiges Vergnügen: „Das Erste, was geschah, war, daß ein Gendarm nach dem auf einem Tischchen vor dem Bette liegenden Doppelterzol und Dolchmesser so hastig schnappte, als wäre es ein Trinkgeld. – Der Doktor wurde nun auf den Zuruf seiner Wirthin wach und hörte, daß er arrettiert werden solle. Ruhig zog er sich an und war gleich bereit, mit der ehrenwerthen Begleitung zu gehen, nein zu fahren." Gottschalk wird mit dem Fiaker zum Arresthaus transportiert, und drei Justizvertreter durchsuchen sein Haus. „Alles wurde durchstöbert und durchschnuppert" – so die Arbeiter-Zeitung – „nach hoch- und landesverräterischen Korrespondenzen. Sogar das dahängende Banner des Arbeiter-Vereins wurde von der Wand gerissen und durchschnüffelt. Um den Sekretair aufzubrechen, – der Schlüssel dazu war mit dem Doktor arrettiert worden – ließ man einen Schlosser namens Erpelding kommen. Der meinte aber, er befasse sich nicht mit gerichtlichen Schrankaufbrechereien, und man war genötigt, einen anderen bereitwilligen Schlosser kommen zu lassen, der denn auch den Sekretair öffnete. Na, nun ging es darüber her, hast du nicht gesehen, was nur wie Papier aussah, wurde in einen Korb gepackt, um den hochweisen Herren auf ein paar Tage zur angenehmen und belehrenden Lektüre zu dienen, – ha, ha, was glaubt man wohl, das sie gefunden hätten? – Makulatur, gut genug, um Wurst und Käse hineinzupacken! Verbotene Schriften führt der Doktor nur in seinem Kopfe mit sich, und um den zu öffnen, müßten die Schlosser noch einmal Lehre stehen." In Gottschalks Elternhaus wurde „ebenfalls Hausmausung gehalten. Da man aber nichts vorfand als einige Zeitungen des Arbeiter-Vereins und ein Stück Pfefferkuchen, so protokollierte man, daß eben nichts gefunden worden sei".

Bei Fritz Anneke sind es sieben Gendarmen, die um sieben Uhr morgens die Wohnung Am Alten Ufer betreten, im Flur das Hausmädchen einschüchtern und die Treppe hinaufschleichen. Während drei im Vorzimmer bleiben, dringen vier ins Schlafzimmer ein, in dem Anneke und seine hochschwangere Frau schlafen. Die Männer erlauben ihm nicht einmal, sich von ihr zu verabschieden. Er wird die Treppe hinuntergestoßen, eine Glastüre geht dabei zu Bruch. „Von diesen vier Säulen der Gerechtigkeit" – so der Kommentar der Neuen Rheinischen Zeitung – „wankte die eine mehr oder minder, zu früher Stunde schon angefüllt mit dem 'Geist', dem Wasser des wahren Lebens, dem gebrannten Wasser".

Drei Gendarmen bewachen Mathilde Anneke bis zur Ankunft des Staatsprokurators, der ihre Beschwerde zurückweist und Flugschriften, Korrespondenzen und zahlreiche andere Papiere konfisziert, ohne sie aufzulisten oder zu versiegeln. Zuvor hatte man ihr – so die Zeitung des Arbeiter-Vereins – „nach der bekannten liebenswürdigen Häscher-Galanterie durch Kneifen in die Arme ein ruhiges Verhalten angerathen". Die „Deutsche Allgemeine Zeitung" macht sich die glatte Sprachregelung der Behörden zu eigen: Gottschalk und Anneke seien „infolge eines vom Untersuchungsrichter erlassenen Haftbefehls gefänglich eingezogen" und „unter Gendarmeriebegleitung" ins Arresthaus verbracht worden.

Jansens Flucht

Johann Joseph Jansen, inzwischen stellvertretender Präsident des Arbeiter-Vereins, ließ sogleich nach der Verhaftungsaktion Plakate an zahlreichen Mauern anschlagen. So werden die Menschen noch vor Erscheinen einer Zeitung über das Geschehene informiert: „Mitglieder des Arbeiter-Vereins! Bürger! Man hat heute zwei Eurer Führer verhaftet, Euren Präsidenten Dr. Gottschalk und den Bürger Anneke. Laßt Euch aber nicht zu Gewaltstreichen hinreißen, wie man es wünscht. Ich ermahne Euch und rufe Euch zu: Behaltet Eure Ruhe wie bisher, laßt es nicht dahinkommen, daß Bürgerblut fließt. Wir streiten nicht für Personen, sondern für Sachen, für unser heiliges Recht, und das wird siegen, trotz aller brutalen Gewalt."

„Die zahme Presse" (Anonyme Karikatur, 1848)

Die Polizei entfernt die Plakate. Drei Tage später soll Jansen verhaftet werden. Die Vereinszeitung schildert den vergeblichen Versuch, den inzwischen nach Straßburg Entflohenen zu ergreifen, mit unverhohlener Schadenfreude: „Um sechs Uhr diesen Morgen kamen sechs Gendarmen und ein Polizeidiener in den Kreuzgang der Kirche St. Marien im Capitol. Die dort Anwesenden mochten vielleicht glauben, die Herren wären fromm geworden und wollten – ihre Sünden abzubüßen – die sogenannten sieben Fußfälle gehen, aber dem war nicht so." Den Dienern des Gesetzes wurde erklärt, der Gesuchte sei nicht da. Daraufhin nahmen sie seinen Bruder mit dem Hinweis mit, im Falle eines Irrtums würde er ja gleich wieder freigelassen – was auch geschah. Während Johann Jansen die Flucht gelang, wurde der wegen „aufrührerischer Reden" gesuchte Faßbinder Christian Joseph Esser in Münster verhaftet.

Erste Proteste

Die den Kölnern auf der anderen Rheinseite verbundene Mülheimer Zeitung reagiert mit frischem Zorn: „Eine schöne Sache das! – Das sind die Errungenschaften der neuen Zeit, das ist die verheißene Volkssouveränität! Nein! Gendarmensouveränität! – Das ist die Volksvertretung zweifelhafter Personen. Sie sind jetzt nicht zweifelhaft mehr; ihr Trug und ihre Ränke liegen offen am Tage. Diese zweifelhaften Menschen treten jetzt mit einer unzweifelhaften Frechheit auf; es ist ihnen kein Mittel zu schlecht, ihren Zweck zu erreichen, sich einen rothen Rock zu verdienen und damit eine Stelle im Ministerium zu bekleiden. (...) Aber feurige Kohlen sammeln sich diese Freiheitsbedrücker auf ihr Haupt! Ihre eigenen Handlungen werden ihre Richter, ihre Verurtheiler sein! Glück auf! Herr Oberprokurator!"

Das Komitee des Kölner Arbeiter-Vereins protestiert zusammen mit Abgeordneten des „Volksclubs zu Düsseldorf" in einem höflichen Brief an den Kölner Generalprokurator gegen die Verhaftungsaktion und „schon im Voraus nachdrücklich und entschieden gegen jedwede Überschreitung der für die Verhandlung der Strafprozesse gesetzlich bestimmten Fristen". Im Beitrag eines „versprengten Arbeiters" wird in der Kölner Vereinszeitung kurz darauf die gegenwärtige Situation mit der urchristlichen verglichen: „Seit Entstehung des Christentums wurden die Verfechter der Wahrheit stets mit aller zu Gebote stehenden Gewalt verdrängt, die Gewaltigen und Großen der Länder glaubten durch die neue Lehre des Evangeliums ihre Reiche zertrümmert, ihre gewaltige Hoheit nicht mehr anerkannt, weil sie das Licht scheuten. So auch jetzt; kaum haben die Völker sich eine Bahn durch kostbares Blut zur Freiheit gebrochen, kaum fangen sie an, sich in etwa ihrer Freiheit zu freuen, kaum hat die Lehre für Menschenrecht und Menschenwerth in ihnen Wurzel gefaßt, so tritt der Feind des Lichts und der Wahrheit ihnen feindselig entgegen und beraubt sie ihrer Lehrer, ihrer Freunde."

Gerüchte und Denunziationen

Die Sympathisanten der Obrigkeit begleiten die Verhaftungsaktion mit den wildesten Gerüchten. Leicht skeptisch schreibt der Kölner Unternehmer Gustav Mallinckrodt am 9. Juli an seinen Sohn: „Allgemein geglaubt wird, daß die Verhaftung von Gottschalk und Anneke auf Mitteilung aus Paris erfolgt sei, wo sie hochverräterische Beziehungen gehabt haben sollen. Man sagt, es seien dem Gottschalk 5.000 Franken von Paris gesandt worden, er habe aber eine Million für die Verfolgung seiner Zwecke gefordert. Die Verhöre sollen sehr geheim gehalten werden, bis jetzt verlautet nichts darüber im Publikum. Die Arrestanten beklagen sich in der Arbeiterzeitung über die Gefangennahme und noch mehr über die brutale Art derselben."

Der Landgerichtsreferendar und engagierte Demokrat Hermann Heinrich Becker erinnert sich an die groteske Zuspitzung der Denunziationen: „Das Gerücht, als hinge die Untersuchung gegen Gottschalk und Anneke mit den Juniereignissen in Paris zusammen, war so allgemein verbreitet, daß selbst der Oberprokurator in Düsseldorf bei der hiesigen Behörde um die Mitteilung der Überführungsstücke nachsuchte, um solche eventuell gegen die verhafteten Demokraten benutzen zu können."

Böswilliger Phantasie sind in diesen Tagen keine Grenzen gesetzt. Gottschalk, so wird verbreitet, bilde ähnlich wie Friedrich Hecker nächtlich seine Spießgesellen an der Waffe aus, sei außerdem im Besitz von drei Guillotinen und vier Tonnen Goldes. Umso überraschter ist die Königliche Regierung in Köln vom Ausbleiben aller befürchteten Krawalle und kann erleichtert nach Berlin melden, die öffentliche Stimmung habe sich nach der Verhaftung von Anneke und Gottschalk „sehr gemildert und konsolidiert".

Die Voruntersuchung

Grund ihrer Verhaftung, so erklärt man den Angeklagten, seien hauptsächlich ihre Reden. Gottschalk fertigt Gedächtnisprotokolle an, die er aus dem Gefängnis schmuggeln läßt. Mit ihrer Veröffentlichung beginnt die Zeitung des Arbeiter-Vereins am 20. Juli. Bereits am Nachmittag des 3. Juli erfuhr Gottschalk von dem als Untersuchungsrichter fungierenden kommissarischen Polizeidirektor Wilhelm Arnold Geiger den Hauptanklagepunkt: Planung eines „Attentats zum Umsturz der bestehenden Regierung oder Reizen zu diesem Verbrechen". Auf Gottschalks Forderung nach Beweisen nannte Geiger seine am 25. Juni gehaltene Rede. Dabei habe er schon gleich zu Beginn die Versammlung mit „Republikaner" angeredet. Dem Hinweis auf Presse- und Redefreiheit hielt Geiger entgegen: „Die Mißbräuche derselben können nicht gestattet werden, und Sie haben eine bedenkliche Aufregung in unserer Stadt geschaffen."

Gottschalk bat merkwürdigerweise nun abrupt um eine befristete Haftverschonung: „Einmal theilen Sie gütigst Ihrem Vorgesetzten mit oder schreiben Sie gütigst an den Justizminister, daß, um der Langeweile eines Vorarrestes, von welchem ich nur Nachtheil für meine Gesundheit erwarte, zu entgehen, er mir erlauben möchte, mich nach England, oder wenn es sein muß, nach Amerika zu entfernen." Nach Geigers ablehnender Antwort hakte Gottschalk nach: „Nun, dann bringen Sie es gütigst in der Rathskammer zur Sprache. Da ich nun einmal eine so gefährliche Aufregung geschaffen haben soll, so ist dies der letzte Dienst, den ich unseren Bourgeois leisten kann, daß ich mich für einige Zeit entferne." Glaubte er allen Ernstes, man werde ihm das erlauben – noch dazu in Richtung Amerika? Hat die Aussicht auf eine möglicherweise quälend lange Haft ihn in Panik versetzt? Sind es Depressionen, die ihn Fluchtgedanken hegen lassen? Auf Geigers Ablehnung hin bat er ihn: „Dann erlauben Sie mir wenigstens mit Herrn Lasalle, der in demselben Flügel wohnt und den ich von meiner früheren Gefangenschaft her kenne, spazieren zu dürfen." Geiger erwiderte, das könne nur von dessen Untersuchungsrichter entschieden werden.

Mithäftling Ferdinand Lassalle

Der Fall Lassalle hatte in den vorangegangenen Monaten landesweites Aufsehen erregt. Der aus Breslau stammende 23jährige Sohn eines jüdischen Seidenhändlers war nach philosophischen und juristischen Studien in Berlin und Paris Demokrat und schließlich Mitarbeiter der Neuen Rheinischen Zeitung geworden. Im Auftrag von Sophie Gräfin von Hatzfeld versucht er, bisher vergeblich, ihren skrupellosen Ehemann vor Gericht zu bringen. Seit 1822 ist die Gräfin mit ihrem Vetter Graf Edmund von Hatzfeld Wildenburg vermählt, der seinen Sitz auf Schloß Kalkum bei Düsseldorf hat. Der Graf betrog sie schon nach der Hochzeit. Dreißig Mätressen wurden im Lauf der Zeit bekannt, darunter Adlige und Prostituierte. Selbst der preußische König rief ihn vergeblich zur Ordnung. 1846 fand die leidgeprüfte Ehefrau in Lassalle einen aufopferungsvollen Freund, der die Hatzfeldschen Ehe- und Vermögens-Ausein-

Ferdinand Lassalle (1825-1864)

andersetzungen in einer Reihe von Prozessen juristisch vertrat. Gemeinsam mit dem Arzt Arnold Mendelssohn, einem Vetter des berühmten Komponisten, und dem Assessor Felix Alexander Oppenheim blieb er dem Grafen auf der Spur, der einer adligen Mätresse sehr viel Geld schenkte und ihr erbrechtswidrige Sicherheitszusagen für die Zukunft machte. Mendelssohn und Oppenheim entwendeten eine Kassette, in der sie irrtümlicherweise Beweismaterial vermuteten. Lassalle selbst war an der Tat unmittelbar nicht beteiligt und blieb daher anfangs unbehelligt, wohingegen sich seine beiden Freunde im Februar 1848 vor den Kölner Assisen verantworten mußten. Dabei wurden von dritter Seite auch gegen Lassalle abenteuerliche Beschuldigungen vorgebracht: er habe den Grafen durch Gift in Zigarren und Champagner beseitigen lassen wollen. Die beiden edlen Diebe gerieten schnell an den Rand der Affäre. Oppenheim wurde freigesprochen, Mendelssohn zu fünf Jahren Zuchthaus verurteilt. Ein Jahr später wird er gegen das Versprechen, Europa zu verlassen, vom König begnadigt werden.

Beim nachfolgenden, von sensationeller Berichterstattung begleiteten Prozeß gegen Lassalle stellte sich heraus, daß viele der 70 vor Gericht auftretenden Zeugen vom Grafen bestochen worden waren. Die Beweislage gegen Lassalle war dürftig, der Ausgang des Prozesses noch ungewiß.

Das zweite Verhör

Am 5. Juli wird Gottschalk erneut dem Untersuchungsrichter Geiger vorgeführt – diesmal mit den gewichtigsten Anschuldigungen: „Sie haben aufgefordert, sich zu bewaffnen, zum Zwecke des Umsturzes der Regierung, des Raubes, des Mordes und der Plünderung." Derartige Verbrechen würden mit Tod oder lebenslanger Verbannung bestraft. Er habe – so Geiger – nach etwaigem Sturz des Ministeriums Camphausen zum bewaffneten Aufstand aufgerufen.

Gottschalk weiß zu diesem Zeitpunkt nicht, daß die neuen Beschuldigungen auf „Protokollen" fußen, die ein Polizeiinspektor namens Brendamour dem Untersuchungsrichter nachgereicht hat. Diese Papiere hatte ein Buchbinder namens J. Maltheser, angeblich Mitglied des Arbeiter-Vereins, in Wirklichkeit aber ein Polizeispitzel, nach Versammlungen des Arbeiter-Vereins angefertigt. Aufgrund seiner Aussagen erweiterte der Untersuchungsrichter die bisherigen Anschuldigungen, die noch gegen vier weitere Mitglieder – darunter auch Jansen – erhoben wurden, die sich jedoch der Untersuchungshaft bereits durch die Flucht entziehen konnten. Über Anneke heißt es in Malthesers „Protokoll", er habe vorgeschlagen, „sich mittels eines Handstreiches der Kanonen zu bemächtigen, um Mord und Plünderung über die Stadt Köln zu bringen, in welch letzterer Beziehung namentlich der Herausgeber der Kölnischen Zeitung DuMont genannt wurde, dessen Presse zerstört und welcher selbst dem Volke preisgegeben werden sollte."

Den neuerlichen Anwürfen gegenüber erklärt Gottschalk: „1) Wenn ich eine republikanische Verfassung erstrebt habe, so war es nur für das gesamte Deutschland, das deutsche Volk. 2) Meine derartigen Bestrebungen durften so lange dauern, als das Parlament nicht anders entschieden hatte. 3) Die Beschuldigung, als habe ich zu anderen Mitteln zur Verwirklichung meiner Ansichten als den gesetzlich erlaubten, der Rede und der Presse, gegriffen oder zu greifen gerathen, erkläre ich für eine böswillige Verleumdung. Ich bin zu sehr von der Richtigkeit meiner Grundsätze überzeugt, als daß ich zu ihrer Verwirklichung etwas Anderes bedürfte als die freie und unbefangene Prüfung der Gebildeten. 4) Die Schritte, die ich gethan, sind alle öffentlich gewesen, wie sich ja auch eine frühere Beschuldigung auf Stiftung einer geheimen Verbindung als durchaus haltlos erwiesen hat. 5) Ich erkenne endlich in dem gegen mich eingeleiteten Verfahren, in der Art und Weise desselben wie in dem Vorenthalten der Rheinischen Zeitung nur das Walten einer mir feindlichen Parthei, und ich fürchte, ich werde der Untersuchungsbehörde wohl den Willen, nicht aber die Fähigkeit zutrauen dürfen, meine Angelegenheiten unbefangen zu leiten." Den Untersuchungsrichter können diese Ausführungen nicht beeindrucken. Ungerührt ordnet er an, Zeitungen, Schreibmaterial und Besucher von Gottschalks Zelle hinfort fernzuhalten. Dennoch dringen weitere Aufzeichnungen des Gefangenen nach draußen.

Als weiteren Zeugen bietet die Untersuchungsbehörde neben Maltheser den Gerichtsreferendar Eberhard von Groote auf. Doch beider Aussagen können selbst die Behörde nicht überzeugen, so daß sie sich nun auf die offiziellen Sitzungsprotokolle der Generalversammlung des Arbeiter-Vereins vom 25. Juni konzentriert. Dessen Zeitung kommentiert den bisherigen Prozeßverlauf: „Gewiß müssen wir ein Gesetz haben, wodurch die persönliche Sicherheit jedes Bürgers geschützt ist. Gewiß soll jeder Gerichtsbeamte verantwortlich sein für jede Verhaftung, die er vornimmt, aber vor Allem ist's nöthig, jene feilen Beamten zu entfernen, die Gott und dem Teufel mit gleicher Andacht dienen, wenn nicht jedes Gesetzes Wohlthat eine trügerische sein soll. Es ist ein alter Rechtsgrundsatz: Jeder gilt für unschuldig, bis man ihm seine Schuld bewiesen hat. Im Appellationsbezirk zu Cöln herrscht das grade Gegentheil." Die Zeitung warnt die Staatsgewalt: „Nehmt uns den Arzt, überliefert ihn dem Kerkerwärter, werft die Anarchie in unseren Körper, beraubt uns der Führer, die allein im Stande waren, dem Umsturz vorzubeugen: und Ihr mögt es Euch selbst zuschreiben, wenn der Umsturz erfolgt, die Anarchie eintritt."

Das dritte Verhör

Am 24. Juli wird Gottschalk einem Untersuchungsrichter namens Leuthaus vorgeführt. Geiger ist inzwischen kommissarischer Polizeidirektor geworden.

Nach Abwehr einiger Unterstellungen fragt Gottschalk, ob Leuthaus die strengen Haftbedigungen seines Vorgängers aufrechterhalten wolle. Leuthaus erwidert: „Ich habe mich über Sie sehr zu beklagen. Durch Sie – wahrscheinlich haben Sie das aus dem Gedächtnis niedergeschrieben – sind Ihre beiden Verhöre in der Arbeiter-Zeitung veröffentlicht worden. Wenn Sie in der Freiheit sind, können Sie Alles veröffentlichen. Jetzt aber geht das nicht." Gottschalk erwidert: „Es freut mich, daß die Verhöre in der Arbeiter-Zeitung erschienen sind. Übrigens hätte ich mich eigentlich über Sie zu beklagen. Sie haben vor einigen Tagen zu der kranken Frau R. gesagt, sie solle sich doch einen anderen Arzt wählen, denn nach drei Wochen würde Niemand mehr zu mir gelassen werden. Wissen oder wußten Sie das schon voraus?" Leuthaus erklärt, er sei verpflichtet, jede Form der Kommunikation mit dem Untersuchungsgefangenen zu verhindern.

Der erneuten Bitte, mit Lassalle in Kontakt zu kommen, versucht Gottschalk durch eine Warnung Nachdruck zu verleihen: „Es wird Sie übrigens veranlassen, auf meinen Wunsch einzugehen, wenn Sie bedenken, daß es nur von mir abhängt, ob dieses Verhör veröffentlicht wird oder nicht." Nun warnt Leuthaus: „Ich kann aber die größte Strenge eintreten lassen." Auf die Zeiten der Inquisition anspielend ergänzt Gottschalk, er dürfe sogar als „echter Dominikaner" zur „harten Frage" fortschreiten: „Glauben sie mir, ich weiß meine Lage wohl zu würdigen; ich bin in den Händen einer Parthei und muß mich jeder Gewalt unterwerfen, die der Übermacht beliebt." Diese Aussage führt zu einem neuen Streitgespräch:

„L. Ich werde unpartheiisch meine Pflicht gegen den König, gegen die Gesellschaft, gegen Sie erfüllen.

Dr. G. Sonderbarer Begriff von Pflicht! Ich werde wegen Grundsätzen und Absichten pflichtmäßig verfolgt, und man lehnt es ab, Parthei zu sein.

L. Sie sind nicht wegen Ansichten in Haft, sondern weil Sie zur Ergreifung von Waffen nach Zeugenaussagen aufgefordert haben.

Dr. G. Ich habe den unwiderleglichen Beweis dafür gefordert nach dem Grundsatze, daß jeder schuldlos ist, bis man ihm seine Schuld bewiesen hat. Das römische Recht gilt ja, glaube ich, noch etwas bei den Juristen, aber wahrscheinlich nur jenes aus den guten Zeiten des Tiberius.

L. Das gehört nicht hierhin. Ich werde Ihre Sache zu beschleunigen suchen. Zum Schlußverhör stehen Ihnen alle Verteidigungsmittel zu Gebothe. Sie können alsdann eine Denkschrift einreichen und Schutzzeugen laden lassen. Ich weiß, was Haft ist, und ich werde keinen Menschen unnöthigerweise in Haft lassen.

Dr. G. Jede Beschleunigung wird mich freuen; denn heute bin ich grade drei Wochen im Gefängnis. Eine Denkschrift zu schreiben ist wohl sehr überflüssig; als Schutzzeugen können sie alle Mitglieder des Arbeiter-Vereins laden lassen; Sie haben ja das Verzeichnis."

Inzwischen ist der Marx nahestehende Uhrmacher Joseph Moll zum Vereinspräsidenten und der Mitarbeiter der Neuen Rheinischen Zeitung Karl Schapper zum provisorischen Präsidenten eines Filialvereins sowie in den demokratischen Kreisausschuß gewählt worden. Beide tasten Gottschalks Reputation nicht an, lassen aber mehr und mehr Marx' Auffassungen in den Arbeiter-Verein einfließen. Mit einer Spitze nicht gegen Marx', sondern gegen Gottschalks Anhänger betont Schapper: „Wer aber sich einer Person anschließt und nicht dem Prinzip, der hat unsere Zeit nicht begriffen."

Lassalles Freispruch

Während Gottschalk weiter im Gefängnis schmachtet, beeindruckt Lassalle die Öffentlichkeit im August durch glänzende Verteidigungsreden, in denen er die juristische Unhaltbarkeit des Prozesses anprangert. „Die Anklage der moralischen Mitschuld", so Lassalle, „war seit je ein politisches Mordinstrument, taugt nur zu einem solchen. Sie wurde stets nur da angewandt, wenn eine herrschende Partei die entgegenstrebende Partei proskribieren, massakrieren wollte, ohne in den Handlungen derselben einen Rechtsgrund zu haben." Die „organisierte Zeugenbestecherbande" des Grafen entlarvend ruft er den Geschworenen zu: „Wo alle Menschenrechte beleidigt werden, wo selbst die Stimme des Blutes schweigt und der hilflose Mensch verlassen wird von seinen geborenen Beschützern – da erhebt sich mit Recht der erste und letzte Verwandte des Menschen, der Mensch!"

Lassalles Sympathisanten im Gerichtssaal sind empört, als die Geschworenen ihn nach seinem fünfstündigen Schlußplädoyer mit sieben zu fünf Stimmen schuldig sprechen. Doch die Berufsrichter, die nach dem immer noch geltenden französischen Code Pénal die Geschworenen überstimmen können, gelangen zu einem Freispruch.

Gottschalks Haftbeschwerde

Andreas Gottschalk erlebt im Kölner Gefängnis Haftbedingungen, die ihn Anfang August zu einer geharnischten Beschwerde an die Behörde veranlassen. Nach Studium der Kriminalprozeßordnung moniert er als Erstes, daß Untersuchungs- und Strafgefangene unter gleichem Dach untergebracht sind. Latrinen müssen gemeinsam benutzt, Belästigungen aller Art ausgehalten werden. Der Zustand der Zellen ist gesundheitsgefährdend – besonders bei Kälte, wie er im März selbst erlebt hatte. Dann läßt eine Luke unterhalb der Decke Heizluft herein. Resultat: „Der obere Raum der Zelle ist glühend heiß, und indem die leichtere warme Luft stets nach oben strebt und die Strömung unter der Thüre her anregt und unterhält, ist der untere Raum der Zelle eisig kalt." Gottschalk ist davon überzeugt, daß hier der Grund nicht nur für schwere Erkältungs-, sondern auch für Augenkrankheiten vieler Gefangener liegt. Die schlechte Durchlüftung führt auch im Sommer zu stickiger Luft. „Daher und von der Nähe der Latrinen der faulig moderige Geruch aller bewohnten Zellen und Säle und der Überschuß an Ungeziefer, Fliegen, Spinnen, Maden, Mücken, Asseln, Flöhen und Wanzen."

Den Gesundheitszustand jugendlicher Strafgefangener findet der inhaftierte Arzt besonders besorgniserregend: „Ich sehe nur bleiche und welke Gestalten, und die Sterblichkeit muß nach einer ungefähren Schätzung ziemlich stark sein. Diese Thatsache wird von den Aufsehern nicht in Abrede gestellt, nur leiten sie dieselbe vom Kummer und Gram über die verlorene Freiheit her." Für Gottschalk haben die Todesfälle nicht nur psychische, sondern vor allem physische Ursachen: „die durchaus unzureichende Menge der Nahrungsmittel, die Schwerverdaulichkeit und Reizlosigkeit der wenig Nahrungsstoffe enthaltenden Speisen, der Mangel an Bewegung in freier Luft" und „die anhaltende Beschäftigung in geschlossenen Räumen". Das Leiden der Strafgefangenen sei durch die Größe ihrer Vergehen keineswegs gerechtfertigt. Mit seiner Beschwerde hofft Gottschalk zur Verbesserung ihrer Haftbedingungen, besonders der der gefangenen Kinder, beizutragen. Auf eine Antwort wird er vergeblich warten.

Die Disziplinierung des Referendars Becker

Für den Landgerichtsreferendar Hermann Heinrich Becker, der im Arbeiter-Verein die Spitzeltätigkeit des Kollegen Eberhard von Groote angeprangert hatte, ergibt sich noch ein disziplinarisches Nachspiel, das am 27. Juli mit der Anfrage des Kölner Landgerichtspräsidenten an Becker eingeleitet wird, ob er bei der Erwähnung von „Verrätern und Spionen, die sich Notizen gesammelt und falsche Angaben gemacht haben", tatsächlich auch von Groote, „den Sohn des Präsidenten von Groote in der Glockengasse", genannt habe. Der Landgerichtspräsident hofft auf ein Mißverständnis und bittet um sofortige Antwort. Doch nicht genug damit: Wenige Tage später erlaubt sich der Königliche Landgerichtsassessor und kommissarische Polizeidirektor Geiger, Oberpräsident Eichmann einen entsprechenden, an das Berliner Innenministerium gesandten Bericht „zur Hochgeneigten Kenntnisnahme" zuzuleiten. Geiger spricht von seinen Zweifeln, ob er denn wohl als Gottschalks ehemaliger Untersuchungsrichter hier tätig werden solle. Er habe sich dann aber doch wegen der ihm dringlich scheinenden Umstände dazu entschieden. Sodann kommt er auf Gottschalks Rede vom 25. Juni zu sprechen: „Es kam darauf an, verständige Zeugen zu ermitteln, welche diese Rede wiederzugeben vermöchten, und der damals bei mir beschäftigte Maximilian von Groote teilte mir mit, daß sein Bruder, der Landgerichtsreferendar Eberhard von Groote, dieselbe wohl am genauesten wiederzugeben imstande sein würde, da er sich an Ort und Stelle Notizen gemacht habe, um seinem Vater, dem Präsidenten der Armenverwaltung, davon Mitteilung zu machen."

Aus „durchaus glaubhafter Quelle" sei nun ihm, Geiger, mitgeteilt worden, Becker habe in der Tat von Groote einen „Hochverräter und Spion" genannt. Deshalb habe er dem Oberprokurator „Maßnahmen gegen den Dr. Becker anheimgestellt". Daraufhin sei ihm vom Landgerichtspräsidenten Beckers Erklärung mitgeteilt worden, daß er „die ihm in den Mund gelegten Ausdrücke ‚Hochverräter und Spione' nicht zugebe". Den kommissarischen Polizeidirektor ficht diese Erklärung wenig an. „Aus innigster Überzeugung" stellt er den Antrag: „Ohne Rücksicht auf das Resultat der Untersuchung und ohne dasselbe abzuwarten, muß der Referendar Becker sofort von dem hiesigen Königlichen Landgericht versetzt werden." Sicherheitshalber schiebt er noch einige Begründungen nach: „Der Dr. jur. Becker ist mit dem Beginn einer aufgeregten Zeit hier zum Vorschein gekommen, er organisierte als Komitee-Mitglied die Freischaren nach Schleswig-Holstein, ich will ihm deshalb keinen Vorwurf machen, aber als Justizbeamten lag für ihn gerade keine dringende Veranlassung vor, sich auf das Gebiet des Kriegswesens zu werfen. Er ist sodann Mitglied des Arbeiter-Vereins geworden, des Vereins, dessen Präsident, Vorsteher und Sekretarien teils unter Verwahrungsbefehl stehen, teils flüchtig geworden sind."

Da Geiger wohl voraussieht, daß auch diese Hinweise Becker noch keineswegs zu Fall bringen können, fügt er hinzu, er wolle Becker deswegen nicht anklagen, es bestehe ja freies Versammlungsrecht. Doch dann beschuldigt er ihn, sich „ohne genaue Kenntnis der Sachlage und der Untersuchungsakten" geäußert zu haben – vor Handwerkern und Tagelöhnern, die nur aus Angst nicht gewalttätig seien. Becker habe sich nicht „entblödet", ihn, „den Königlichen Instruktionsrichter in hämischer Weise als einen Begünstiger von Spionen und Denuncianten ebenfalls in den Kreis seiner Rede zu ziehen, dessen Befehlen er möglicherweise schon am nächsten Tage zu gehorchen hätte und der ihm wiederum Vertrauen schenken müßte." Geiger fühlt sich darüber hinaus von allen demokratischen Zeitungen verfolgt, will ihnen jedoch „diese letzten Zuckungen der Wut darüber, daß die Ordnung gehandhabt wird," vergeben. „Aber", so fährt er fort, „wenn man die Feinde auf dem eigenen Terrain finden soll, wenn man diejenigen zu fürchten hätte, welche möglicherweise durch das Medium eines Unterbediensteten den Zutritt zu den Bureaus und den Aktenschränken haben, dann sage ich es noch einmal, es ist Pflicht, auch hier die Ordnung zu handhaben."

Doch von der Schlagkraft seiner Anklagen scheint er immer noch nicht restlos überzeugt zu sein. Deshalb fügt er hinzu, „daß der Dr. Becker auch an der Redaktion der Arbeiter-Zeitung seit Gottschalks Verhaftung tätig ist. Ich kann dies nicht beweisen, aber es liegt auf der Hand, daß der Arbeiter-Verein, dem die Köpfe abgeschlagen sind, gerade eines der wenigen, vielleicht das einzige wissenschaftlich gebildete Mitglied hierzu ausersieht." Daß Geiger Beckers angebliche Tätigkeit nicht beweisen kann, aber dennoch als Tatsache deklariert, scheint ihn selbst nicht zu kümmern, und so plädiert er denn auch dafür, daß den Gerichtsreferendar neben der Versetzung „mindestens die vorsorgliche Überwachung seiner Vorgesetzten, wenn nicht das Strafgesetz trifft". Die Arbeiter-Zeitung bestätigt Ende Juli, Becker habe die inkriminierten Worte „Spione" und „Verräter" im Zusammenhang mit von Groote nicht gebraucht – „was wohl sämtliche damals Anwesende bezeugen" könnten. Das gegen Becker eingeleitete Verfahren werde ja hoffentlich dazu beitragen, das „amtlich zu konstatieren".

Von Erfolg ist Geigers Jagdeifer gegen den ihm verhaßten Referendar zwar nicht gekrönt. Doch wird der nicht nur wegen seiner Haarfarbe so genannte „rote Becker" schon bald während der Kölner „Septemberunruhen" verhaftet und schließlich aus dem Staatsdienst entfernt werden.

Die Entscheidung des Appelationsgerichts

Die Ereignisse der nächsten Monate kann Gottschalk aufgrund von Einzelhaft und Besuchssperre kaum zur Kenntnis nehmen. In Köln wird in Anwesenheit Friedrich Wilhelms IV. das Dombaufest gefeiert. Die Stadt scheint sich mit dem Preußenkönig anzufreunden. Doch wenig später kommt es zu außenpolitischen Ereignissen, die auch in der rheinischen Metropole zu neuen Eskalationen führen.

Dombaufest und Septemberkrise

Im August 1848 strömen die Repräsentanten der alten und neuen Ordnung in die Domstadt, um die vor 600 Jahren erfolgte Grundsteinlegung der Kathedrale zu feiern. Aus Frankfurt reisen 300 Abgeordnete an. Hinzu kommen Mitglieder der preußischen Nationalversammlung, hohe Würdenträger der katholischen Kirche und vor allem der preußische „Herrscher von Gottes Gnaden", der die Parlamentarier beim Festakt im Gürzenich fern von sich bei den Dombau- und Gesangver-

Kölner Dombaufest (1848)

einen plazieren läßt. Die Festtage sind ausgefüllt mit Paraden, Fackelzügen, Gottesdiensten und Umzügen. Die Stadt wird allabendlich illuminiert. Seiltänzer zeigen ihre Künste, und die Armen erhalten Wein, Brot und Wurst. Die Begeisterung demokratisch gesinnter Kölner für ihren populären Abgeordneten Franz Raveaux hat inzwischen erstaunliche Ausmaße angenommen. Immer wieder jubelt man ihm auf den Straßen zu, Frauen trinken aus Tassen, auf denen er abgebildet ist, und Männer kaufen entsprechende Pfeifenköpfe. Der ebenfalls am 13. und 14. August in Köln stattfindende erste Regionalkongreß der demokratischen Vereine und Arbeiter-Vereine bleibt dem Fest fern, in dem man lediglich einen Blitzableiter für deutsche Sehnsucht nach Einheit und Freiheit sieht. Hermann Heinrich Becker ruft unter Beifall der Delegierten: „Wir bauen hier auch an einem Dome, dem Dome der Freiheit."

Noch im selben Monat August kommt es zwischen den politischen Kräften in Deutschland zu einer ernsten Zerreißprobe. Ursache ist der Zickzackkurs des Frankfurter Parlaments angesichts des Kriegs gegen Dänemark, der im April begonnen wurde, um die Annexion Schleswigs zu verhindern. Das in Personalunion mit Dänemark verbundene Schleswig hatte, wie schon zuvor das deutschsprachige Holstein, die Zugehörigkeit zu Deutschland angestrebt. Dänemark hatte abgelehnt. Sofort hatten sich deutsche Freicorps aus Studenten, Handwerksburschen und Arbeitern gebildet. Doch plötzlich will die preußische Führung ihre Armee weder für die Sache von „Rebellen gegen einen König von Gottes Gnaden" kämpfen lassen und schließt am 26. August ohne parlamentarische Zustimmung den „Waffenstillstand von Malmö". Der Volkszorn bricht daraufhin auch in Köln los. Im September spitzt sich nach rohen Ausschreitungen betrunkener Soldaten das Verhältnis zwischen Bürgern und Militär zu. Erinnerungen an die Kirmestage von 1846 werden wach. Die Bürgerwehr droht in verfeindete politische Lager zu zerfallen. Es kommt zu Massenveranstaltungen, bei denen auch der inzwischen freigesprochene Lassalle spricht.

Am 17. September strömen auf einer Rheinwiese bei Worringen nördlich von Köln mehr als 6.000 Menschen zu einer der größten rheinischen Volksversammlungen der Revolutionszeit zusammen. Man erklärt, bei „Widersetzlichkeit der preußischen Regierung gegen die Beschlüsse der Nationalversammlung" werde man im Konfliktfall „mit Gut und Blut zu Deutschland stehen". Doch die Nationalversammlung knickt ein, stimmt dem Waffenstillstand zu. In Frankfurts Straßen kommt es zu blutigem Aufruhr. Auch in Köln steigert sich die Empörung. Es kommt zu Verhaftungen. Arbeiter-Vereinspräsident Joseph Moll kann von couragierten Freunden aus den Händen der Polizei befreit werden. Barrikaden werden gebaut und kampflos preisgegeben. Militär rückt verstärkt in die Stadt. Der Belagerungszustand wird erklärt und wieder aufgehoben. Der Dichter Georg Weerth bemerkt im Feuilleton der Neuen Rheinischen Zeitung: „Die Stadt starrt von

Waffen wie ein Stachelschwein." Mathilde Franziska Anneke gibt eine „Neue Kölnische Zeitung" heraus, in der sie die reaktionäre Entwicklung scharf kritisiert und ihre Enttäuschung über die Niederlagen der linken Opposition mit einem Gedicht von Heinrich Heine kommentiert:

Wir sind Germanen, gemütlich und brav,
Wir schlafen gesunden Pflanzenschlaf,
Und wenn wir erwachen, pflegt uns zu dürsten,
Doch nicht nach dem Blute unserer Fürsten.

Doch Karl Marx und die inhaftierten Freunde Fritz Anneke und Andreas Gottschalk warnen gleichermaßen vor aussichtslosen Aufständen, die die Arbeiter nur der Staatsgewalt ausliefern würden.

Die Anklage

Die monatelangen, von Protesten des Arbeiter-Vereins begleiteten, immer wieder verschleppten und verzögerten Prozeßvorbereitungen neigen sich Ende September mit der Überweisung der Anklageakten an den Anklagesenat dem Ende zu. Dieser kommt am 10. Oktober zu einem Ergebnis, das mit folgender Erklärung eröffnet wird: „Wir Friedrich Wilhelm, von Gottes Gnaden König von Preußen,

Gebäude des Kölner Appellationsgerichtshofes

thun kund und fügen hiermit zu wissen, daß der rheinische Appellationsgerichtshof zu Köln folgende Entscheidung erlassen hat." Ein Fortschritt, immerhin: Nach hier noch gültigem französischen Strafrecht hat in der Rheinprovinz anders als im preußischen Kernland das Geschworenengericht zu entscheiden und nicht der Monarch, der die getroffene Entscheidung nur noch veröffentlichen läßt.

Die drei Angeklagten Gottschalk, Anneke und Esser werden nun beschuldigt, im Lauf des Jahres 1848 „durch Reden in öffentlichen Versammlungen so wie durch Druckschriften ihre Mitbürger zur gewaltsamen Änderung der Staatsverfassung, zur bewaffneten Auflehnung gegen die Königl. Macht und zur Bewaffnung eines Theiles der Bürger gegen den Andern geradezu angereizt zu haben, ohne daß jedoch diese Anreizungen einen Erfolg gehabt haben." Mit dem letzten Halbsatz mildert der Appellationsgerichtshof die ihm bisher vorgeschlagene lebensbedrohende Anklage entscheidend ab. Denn bei Erfolglosigkeit der angegebenen Verbrechen soll laut Artikel 102 des Strafgesetzbuches die ansonsten vorgesehene Todesstrafe – durch Abhauen der rechten Hand und des Kopfes – in Deportation umgewandelt werden. Auch macht sich der Gerichtshof die ihm vorgeschlagenen strafrechtlich relevanten Begriffe „Attentat" und „Komplott" nicht zu eigen, so daß vor allem ein geplanter Angriff auf die Person des Königs nicht mehr unterstellt wird. Mit diesen Einschränkungen wird die Anklage nun an das Schwurgericht, den „Assisenhof zu Köln", weitergereicht.

Aufgrund der Berichterstattung der Zeitung des Arbeiter-Vereins wird sein Drucker J. A. Brocker-Everaerts zu einer vierwöchigen Gefängnisstrafe verurteilt. Falls die Zeitung weiter erscheinen soll, muß eine Kaution von 4.000 Talern erbracht werden – ein grotesk hohe Summe! Doch der Verein überlistet Justiz und Zensur und läßt ein neues Blatt mit unveränderter Zielrichtung und dem Titel „Freiheit, Brüderlichkeit, Arbeit" erscheinen – dem Untertitel des früheren! Sein Motto: „Immer vorwärts!"

In diesem Monat Oktober wird Karl Marx an die Spitze des Arbeiter-Vereins gewählt. Er will damit „provisorisch bis zur Freilassung Dr. Gottschalks dem Wunsch der Arbeiter nachkommen", obgleich er, wie er dem wegen drohender Verhaftung nach Belgien geflohenen Engels schreibt, mit seiner eigenen Zeitung „bis über die Ohren beschäftigt" ist. So wird er denn im Verein nur am Rande aktiv, läßt aber hier ausführlich das kommunistische Manifest, die „Forderungen der kommunistischen Partei Deutschlands" diskutieren.

Reaktionen auf den preußischen Staatsstreich

In den kommenden Wochen erleidet die demokratische Bewegung harte Rückschläge. In Wien war es am 6. Oktober 1848 nach vereinzelten Kämpfen von Arbeitern und Studenten zu einer Volkserhebung gekommen, die zugleich einen Angriff der Generalität auf das um Unabhängigkeit ringende Ungarn verhindern sollte. Die Linke der Frankfurter Nationalversammlung beschloß daraufhin, vier Abgeordnete, unter ihnen den in Köln geborenen Führer der sächsischen Demokraten Robert Blum, nach Wien zu entsenden.

Anfang November wird die Hauptstadt der Doppelmonarchie unter dem Oberbefehl des Fürsten Alfred von Windischgrätz erobert. Ermutigt durch das Wiener Beispiel steigert die Regierung in Berlin ihre repressiven Maßnahmen. Am 2. November wird dem Volk ein scharf rechtsgerichteter General als Ministerpräsident präsentiert: Friedrich Wilhelm Graf von Brandenburg, Sohn Friedrich Wilhelms II. aus einer „standesungleichen Ehe". Eine Woche später wird Robert Blum in der Brigittenau bei Wien trotz seiner Immunität als Abgeordneter standrechtlich erschossen. Die Frankfurter Nationalversammlung rafft sich zu einem kraftlosen Protest auf. Auf Seiten der Rechten herrscht verhaltene Freude, doch Widerspruch und Empörung sind in Deutschland weitaus stärker. Zu einem Requiem in Köln versammeln sich in und vor der überfüllten Minoritenkirche mehr als 3.000 Menschen. Die Regierung in Preußen verschärft ihre Maßnahmen und holt zum Staatsstreich aus. Sie zwingt den widerspenstigen Landtag aus Berlin in die Provinz, verhängt über die Stadt den Belagerungszustand und durch General von Wrangel das Kriegsrecht, löst die Berliner Bürgerwehr auf und läßt den Landtag von Soldaten mit aufgepflanztem Bajonett auseinanderjagen.

Marx spricht in der Neuen Rheinischen Zeitung vom „Kannibalismus der Konterrevolution" und erklärt es zur Pflicht der Rheinprovinz, mit Männern und Waffen der Berliner Nationalversammlung zu Hilfe zu eilen. Ein abgemilderter, von ihm mitunterzeichneter Aufruf des Rheinischen Kreisausschusses der Demokraten trägt ihm eine gerichtliche Vorladung ein. Mehrere hundert Personen geleiten ihn daraufhin bis zum Gerichtsgebäude und jubeln ihm nach seiner Rückkehr zu. Der Oberstaatsanwalt berichtet dem preußischen Innenministerium, sie hätten keinen Hehl daraus gemacht, ihn im Fall seiner Verhaftung gewaltsam zu befreien.

Der Aufruf zur Steuerverweigerung

Von nun an erscheinet die Neuen Rheinische Zeitung wochenlang mit dem Appell: „Keine Steuern mehr!!!" Marx verfaßt dazu eine ironische Begründung: „Nachdem Gott die Welt und die Könige von Gottes Gnaden geschaffen hatte, überließ er die kleinere Industrie den Menschen. Waffen sogar und Lieutenantsuniformen werden auf profanem Wege fabriziert, und der profane Weg der Fabri-

Die Ermordung Robert Blums (1807-1848) in der Brigittenau bei Wien am 9. November 1848

kation schafft nicht wie die himmlische Industrie aus dem Nichts. Es bedarf des Rohmaterials, der Arbeitsinstrumente und des Arbeitslohns, lauter Sachen, die man unter dem schlichten Namen Produktionskosten zusammenfaßt. Diese Produktionskosten werden für den Staat durch die Steuern aufgebracht, und die Steuern werden durch die Nationalarbeit aufgebracht. Im ökonomischen Sinne bleibt es also ein Rätsel, wie irgendein König irgendeinem Volk irgend etwas geben kann. Erst muß das Volk Waffen machen und dem Könige Waffen geben, um vom König Waffen erhalten zu können. Der König kann immer nur geben, was ihm gegeben wird. (...) Die ersten Anlässe zum Sturze der Könige von Gottes Gnaden waren daher stets – Steuerfragen." In Köln bleibt der Aufruf zur Steuerverweigerung weitestgehend wirkungslos. In Bonn dagegen wird Gottfried Kinkel wegen angeblicher Aufreizung zur Gewalt angeklagt und nach einer glanzvollen Verteidigungsrede freigesprochen.

In der Zeitung „Freiheit, Brüderlichkeit, Arbeit" schreibt Marx am 16. November einen zornigen Artikel über Gewalt und Gegengewalt: „Gottschalk und Anneke sind angeklagt, wie bekannt, Mord und Plünderung bezweckt zu haben. Brandenburg und Wrangel stehen mitten in Berlin jetzt entschlossen, auf Friedrich Wilhelms IV. ‚von Gottes Gnaden' Wink, die Stadt in Grund und Boden zu schießen, zu morden, sich zu baden in Bürgerblut. (...) Jene sollen nur in Köln haben morden und plündern wollen! Diese wollen nöthigenfalls eine Bevölkerung von 16 Millionen Menschen morden (denn Berlin ist nur der Anfang und Ausgangspunkt), und sie schrecken nicht zurück. Anneke und Gottschalk büßen den Gedanken, den Willen, ja die bloße Vermuthung, als hätten sie Köln mit Mord und Plünderung bedrohen wollen, mit einer Vorhaft, die ein Stück von sechs Monaten bereits aus ihrem Leben geschnitten hat, die ihre Gesundheit zerstört, sie um ihr Einkommen, ihre Nahrung bringt." Die Revolution werde in Zukunft die „Märzdummheiten wieder gutmachen" und mit der Konterrevolution nicht rücksichtsvoller umgehen als diese mit ihren Gegnern, meint Marx. Ob Sieg oder Niederlage – für beide Seiten werde das blutig und grausam. Auch Mord aus Vaterlands- und Freiheitsliebe setze „eine innerliche Verwilderung und Verzweiflung" voraus, die man nur seinem Feind wünschen könne.

Weit entfernt von Marx' Drohungen vollendet Friedrich Wilhelm IV. am 5. Dezember in Berlin seinen Staatsstreich, indem er die preußische Nationalversammlung auflöst und mit einigen scheinbar liberalen Zugeständnissen eine Verfassung oktroyiert. Aus rheinischen Städten senden Kaufleute, Grundbesitzer und Beamte Dankadressen an den Monarchen. Die Kölner Demokraten lehnen die Verfassung vor allem wegen eines geplanten königlichen Notverordnungsrechtes ab. Nun revidiert Marx seinen früheren Standpunkt und erklärt, das Bürgertum habe sich als unfähig erwiesen, seine eigene Revolution zu machen. Die Arbeiterklasse müsse sich von jetzt an allein auf sich selbst stützen.

In diesen düsteren Wochen bringt ein Ereignis in Düsseldorf einen besonderen Lichtblick: Der seit August wegen „Aufwiegelung der Massen" inhaftierte Ferdinand Freiligrath wurde vom Geschworenengericht freigesprochen. „Sein Urteilsspruch", so die Augenzeugin Mathilde Anneke, „wurde dem Dichter unter einem Blumenregen verkündet, den die nicht zu zügelnde Menge ihm spendete. Ich hatte einen Lorbeerkranz für ihn gewunden, den zu meiner Genugtuung im letzten Augenblick der Staatsgouverneur selbst überreichen mußte."

Freispruch für die Angeklagten

Am 21. Dezember beginnt endlich der Kölner Prozeß vor dem Kölner Geschworenengericht. Mathilde Anneke hatte bereits mit ihrer Schrift „Der politische Tendenzprozeß gegen Gottschalk, Anneke und Esser, herausgegeben nach den Akten, nach Mittheilungen der Angeklagten und nach stenographischen Aufzeichnungen der mündlichen Verhandlungen" ausführliche Informationen verbreitet. Die Zuhörer strömen nun in Massen herbei, applaudieren den Angeklagten und reagieren wütend, als sie sehen, daß sie Ketten tragen.

Die Entlarvung des Tendenzprozesses

Einen Tag nach Prozeßbeginn stellt die Neue Rheinische Zeitung in uneingeschränkter Solidarität nicht nur mit Anneke und Esser, sondern auch mit Gottschalk die Legitimität der Jury sarkastisch in Frage: „Der Herr Regierungspräsident fertigt eine Liste von Individuen zu einer bestimmten Zahl an, die er aus den Geschworenenlisten des ganzen Regierungsbezirks auszieht; die gerichtlichen Repräsentanten der Regierung säubern diese Liste bis auf 26, wenn unser Gedächtnis nicht täuscht. Im Augenblicke der wirklichen Bildung des Geschworenengerichts endlich steht es dem öffentlichen Ministerium zu, die letzte Liste, das Ergebnis des Klassenprivilegiums und einer doppelten gouvernementalen Destillation, zum dritten Male zu säubern und bis zum letzten notwendigen Dutzend auszumerzen. Ein wirkliches Wunder, wenn eine solche Konstitution der Jury Angeklagte, die der privilegierten Klasse und der bestehenden Staatsmacht offen opponiert haben, nicht direkt unter die absolute Gewalt ihrer rücksichtslosesten Feinde wirft." Dem möglichen Hinweis auf die Gewissensentscheidung der Geschworenen begegnet die Zeitung mit der lakonischen Bemerkung: „Das ‚Gewissen' der Privilegierten ist ein privilegiertes Gewissen." Dennoch rechnet das Blatt aufgrund der dürftigen Anklageschrift nicht mit einer Verurteilung der Angeklagten. Da sei von „gefährlichen, dem Proletariat schmeichelnden, auf Kommunismus und Umsturz des Bestehenden hinarbeitenden Tendenzen" des Arbeiter-Vereins die Rede. „Tendenzen also konnte man erkennen, aber keine gesetzwidrigen Tatsachen!" höhnt das Blatt. Dies gelte auch für die Reden der Angeklagten auf der Generalversammlung des Arbeiter-Vereins vom 25. Juni. Was hatte die Untersuchung nun wirklich ergeben? „Daß Gottschalk und Konsorten für die am 25. Juni getäuschte Erwartung der Behörden mit sechsmonatiger enger Untersuchungshaft Buße tun mußten. Nichts gefährlicher, als die Erwartungen der Staatsbehörde, eine Rettungsmedaille um das Vaterland zu verdienen, zu täuschen!" Sodann zitiert die Zeitung das Resümee des Anklagevertreters: „Die Zeugen, welche über diese früheren Versammlungen vernommen worden sind, Mitglieder und Nichtmitglieder, sprechen sich im Ganzen nur belobend über Gottschalk und Anneke, besonders den ersteren, aus. Er habe immer vor Exzessen gewarnt, die Massen mehr zu beschwichtigen als aufzureizen gesucht. Dabei deutete er freilich auf die Republik als letztes Ziel seiner Bestrebungen hin, welches aber nicht durch einen Straßenkrawall, sondern nur dadurch zu erreichen sei, daß man die Majorität des Volkes zu der Ansicht gewinne, daß außer der Republik kein Heil sei."

Letztlich ist also deutlich geworden, daß Gottschalk und seine Freunde sich keineswegs aufrührerisch verhalten haben. Aber aus welchen tückischen Gründen? Sie hätten – so die Anklage – „beim Unterwühlen der Fundamente des Bestehenden" genug zu tun gehabt, um „die Ungeduld des rohen Haufens zu zügeln"! Die Neue Rheinische Zeitung wiederholt und zerpflückt diese seltsame Logik mit beißender Ironie: „Eben weil die Angeklagten die Massen beschwichtigen, statt sie aufzureizen, zeigten sie deutlich ihre bösartige Tendenz, allmählich die Fundamente des Bestehenden zu unterwühlen." Im Übrigen: Wenn die Angeklagten schon „im Laufe des Jahres" Komplotte geschmiedet hatten – warum sind die Behörden dann erst so spät eingeschritten? Und außerdem: Eine „gewaltsame Änderung der Staatsverfassung" sei gar nicht möglich gewesen, weil der König sie schon vorher suspendiert hatte!

Gottschalks Verteidigungsrede

Am 23. Dezember begründet Gottschalk seinen politischen Standpunkt und seine Rechtsauffassung in einer weit ausholenden Rede. Er beginnt mit einem Verweis auf die „kölnischen Märtyrer Clarenbach und Fliesteden", die im

16. Jahrhundert verbrannt wurden, „weil sie es gewagt hatten, Meinungen zu hegen und zu äußern, die den damaligen Mächten nicht genehm waren." Damit knüpft er an einer Tradition an, die er durch seine Konversion zu seiner eigenen gemacht hat: der protestantischen. Der aus Lennep stammende Adolf Clarenbach, Magister in Köln, Konrektor in Münster und Wesel und später Privatlehrer in Osnabrück, mußte überall unter dem Verdacht religiöser Irrlehre weichen. Noch rigoroser als Clarenbach lehnte der in Pulheim bei Köln geborene Peter Fliesteden Meßopfer, Kloster und Hierarchie ab. Als er 1527 während der Meßfeier im Kölner Dom demonstrativ ausspuckte, wurde er verhaftet, gefoltert und 1529 zusammen mit Clarenbach in Melaten bei Köln verbrannt.

„Sie haben das Mittelalter nicht überwunden", erklärt Gottschalk gegenüber der Anklagebehörde. „Sie haben immer noch Gesetze und Gerichte gegen Meinungen. Man lebt noch immer des thörichten Wahns, (...) man könnte Ideen innerhalb der Mauern des Kerkers begraben, man könnte endlich den Strom der Völkerereignisse hemmen, indem man einzelne unbedeutende Menschen, Sandkörner aus demselben, entfernte." Sodann zitiert er Artikel 102 des Strafgesetzbuches, der bei direkter Aufforderung für schwere Verbrechen Tod oder Verbannnung vorsieht, und fragt: „Habe ich etwa zum Kriege von Bürgern gegen Bürger aufgefordert? Nein und immer nein! Ich habe gesagt: Arbeiter, ihr bedürft der Republik, weil nur unter der freien Volksherrschaft Euch wesentlich geholfen werden kann. Ihr müßt warten! In Berlin entscheidet sich Euer Geschick! (...) Wo ist in dieser Rede eine direkte Aufforderung zur Gewalt? Wo ist also der Tatbestand des Verbrechens? Wo ist das Verbrechen selbst?" Ironisch fährt er fort: „Wahrhaft bemitleidenswert wird die Beweisführung der Anklage, wenn sie den verbrecherischen Charakter meiner Worte darin findet, daß sie an einen ‚rohen Haufen', an die ‚niedersten, urteilslosesten Volksschichten' gerichtet gewesen. Denn wie schwach, wie nichtssagend, wie so ganz und gar keine muß diese Aufreizung gewesen sein, die nicht einmal diesen rohen Haufen zu irgendeiner That hat treiben wollen!" Schließlich greift er den Ankläger frontal an: „Der Staatsanwaltschaft ist ‚Republik' und ‚gewaltsamer Umsturz der Verfassung' ein und dasselbe. So etwas verzeiht man wohl einem Schulknaben oder einem Leitartikel der Kölnischen Zeitung – aber einem Staatsanwalt?"

Der Angegriffene erhebt sich und erklärt: „Ich habe mir vorgenommen, die Verteidigung nicht zu unterbrechen, um sie zu beschränken. Ich habe deshalb auch schon längere Zeit die gegen mich gerichteten Angriffe ruhig angehört. Indessen werden jetzt die Grenzen überschritten. Ich sehe mich deshalb veranlaßt, dem Herrn Dr. Gottschalk hiermit zu erklären, daß ich mir jeden persönlichen Angriff hiermit aufs Ernsthafteste und Entschiedenste verbitte, und daß ich keinen Angriff der Art von jetzt an dulden werde."

Der Gescholtene verschärft seinen Angriff: „Ich kenne den Herrn nicht, der sich zu einer persönlichen Bemerkung erhoben; er ist mir gleichgültig. Ich kenne bloß die Anklageakte, bloß den Verteidiger dieses erbärmlichen Machwerkes. Er aber stehe zur Rede, und Sie, Herr Präsident, schützen Sie wenigstens die Redefreiheit des Assisenhofes."

„Herr Dr. Gottschalk", mahnt der Gerichtspräsident, „Sie müssen bei der Sache bleiben. Sie müssen sich mit Anstand und Mäßigung ausdrücken."

Doch der Angeklagte kennt seine Rechte, und er hält sie dem Präsidenten entgegen: „Ich weise diese Bemerkung mit Entrüstung zurück. Nach dem Gesetz haben Sie eine solche *Aufforderung an den Verteidiger zu richten*. Sie haben keinerlei Zensur, wie Sie schon einmal getan, gegen den Angeklagten, gegen den zu üben, welcher die eigene Freiheit und Ehre verteidigt. Ich werde nicht mehr sprechen."

Der Präsident lenkt ein: „Ich habe kraft meiner diskretionären Gewalt das Recht, die Debatte abzukürzen. Sie haben das Wort. Sie können sprechen, was und wie Sie wollen."

Gottschalk resigniert: „Ich hätte noch vieles zu meiner Ehrenrettung, zu meiner Verteidigung zu sagen. Es lohnt nicht, ein weiteres Wort zu verlieren."

Der Freispruch

Am 23. Dezember gehen die Verhandlungen zu Ende. Den Geschworenen wird für jeden Angeklagten die sich aus dem bisherigen Prozeßverlauf ergebende Frage vorgelegt: „Ist der Angeklagte schuldig, im Laufe des Jahres 1848 durch Reden in öffentlichen Versammlungen sowie durch Druckschriften seine Mitbürger zur gewaltsamen Änderung der Staatsverfassung, zur bewaffneten Auflehnung gegen die königliche Macht, zur Bewaffnung eines Teiles der Bürger gegen die anderen geradezu gereizt zu haben, ohne daß jedoch jene Anreizungen Erfolg gehabt haben?" Die Antwort der Geschworenen ist in allen drei Fällen ein einstimmiges Nein. „Unter großer Aufregung und Teilnahme des im ganzen Saale dicht gedrängten Publikums", so berichtet die Kölnische Zeitung, „wurden die Angeklagten sofort in Freiheit gesetzt." Frohlockende Verse machen sogleich die Runde:

Anneke, Gottschalk, Esser.
Es ging stets schlimmer anstatt besser.
Eine Klage ohne Halt und Kraft
Hielt sieben Monate uns in Haft.
Gestraft so von Richtern und Polizei,
Sprach uns der Geschworene von Strafe frei.
Der Richter Unabhängigkeit, so belobt
In Preußen, die hat sich an uns erprobt.

Am Weihnachsabend will der Arbeiter-Verein den Freigesprochenen einen Fackelzug bringen und fragt deswegen den Stadtkommandanten Oberst Engels um Erlaubnis – „um selbst den krankhaften Befürchtungen mehrerer unserer Mitbürger Rechnung zu tragen". Engels lehnt nach Rücksprache mit dem Polizeipräsidenten ab: „Wenn auch diese Leute von den Geschworenen freigesprochen sind, so werden doch die Behörden, die sie als Schuldige haben verhaften lassen, eine solche Demonstration zu ihren Gunsten nicht gestatten." Mit dieser juristisch anfechtbaren Urteilsschelte gibt der Oberst zugleich seinen durch Amtsanmaßung gekennzeichneten Mangel an rechtsstaatlichem Verständnis preis. Im Arbeiter-Verein werden danach Ärger und Selbstkritik laut, die vom Komitee in der nächsten Ausgabe der Vereinszeitung veröffentlicht werden: „Was uns betrifft, so haben wir in diesem Bescheide eine gerechte Strafe dafür erkannt, daß wir überflüssigerweise uns zu erlauben ersuchten, was kein Gesetz uns verbot." Im übrigen empfiehlt das Komitee Herrn Oberst Engels – wohl unter Einfluß des bibelkundigen Gottschalk – „Mathäi Evangelium 7.1-6 zur eifrigen Lektüre": „Richtet nicht, damit ihr nicht gerichtet werdet" und „Was siehst du den Splitter in deines Bruders Auge, des Balkens jedoch in deinem Auge wirst du nicht gewahr?" Gottschalk selbst hat sich am Weihnachtsabend bereits nach Kessenich zu seiner kranken Schwester Rebekka begeben.

Den drei Freigesprochenen wird wenig später in der Zeitung des Arbeiter-Vereins zum Dank für ihre unbeugsame Standfestigkeit ein „Sonetten-Kleeblatt" gewidmet, das Gerechtigkeit fordert:

Ein kurz „Nichtschuldig" aus der Jury Munde,
Eine kaltes „Frei" – vom Präsidententhron
Genüget für verhöhnte Unschuld schon,
Reicht hin als Pflaster für die blut'ge Wunde. –

So spricht's Gesetz noch jetzt zu dieser Stunde
Im Staate der Civilisation,
So richtet es der Hütte freien Lohn,
Mit eiserner Gewalt in bösem Bunde.

Wir wollen Recht, wir wollen die Gesetze,
Doch auch Vergeltung für die Frevelthat.
Wenn sie vernichtend sich der Unschuld naht.

Durch die Gewalt wird Recht zur feilen Metze,
Ihr gift'ger Pesthauch welkt die Segenssaat
Von Treu und Glauben, für Gesetz und Staat. (...)

V. Das letzte Jahr

Gottschalks sozialer Protest

Noch im Gefängnis hatte Gottschalk die deprimierenden politischen Entwicklungen der vorhergehenden Wochen in Köln, Preußen und den anderen deutschen Ländern zur Kenntnis nehmen müssen. Nach seiner Entlassung wird er mit weiteren Enttäuschungen konfrontiert. Er muß erkennen, daß die Unruhen und Revolten der letzten Monate vorläufig wohl zu keinem revolutionären Aufschwung in Deutschland führen werden. Immerhin erringen die „Vereinigten Demokraten" in Köln bei den preußischen Parlamentswahlen einen eindeutigen Sieg: Etwa zwei Drittel der Wahlmänner kommen aus ihren Reihen. Zwei Demokraten werden in die zweite Kammer der preußischen Nationalversammlung gewählt. Doch Gottschalk glaubt nicht daran, daß sie für die Arbeiter von Nutzen sein werden. Vom Kölner Gemeinderat und der Stadtverwaltung werden die Arbeiter zudem in einer Weise benachteiligt, die ihn zu maßlosem Zorn reizt.

Repressionen des Kölner Gemeinderates

Wie schon im Frühjahr 1848 hatten Kölner Arbeiter auch im Spätherbst den Gemeinderat aufgrund einer miserablen Arbeitsmarktlage um Schutz gegen den Hunger gebeten. Auf Anregung der Verwaltung wurden daraufhin umfängliche Abriß- und Erdarbeiten in der Stadt und der Ausbau der Römerstraße nach Zülpich in Auftrag gegeben. Da bereits mehrere Handwerksmeister moniert hatten, die Stadt zahle höhere Löhne als Privatbetriebe, machte sich der Gemeinderat mehrheitlich den Vorschlag des Stadtbaumeisters zu eigen, die Tagelöhne von elf auf zehn Silbergroschen zu senken. Auf keinen Fall dürfe der Anschein erweckt werden, die Stadt konkurriere mit den Unternehmern, argumentierte der langjährige städtische Armenarzt Dr. Johann Nückel in einer kontrovers verlaufenden Sitzung. Nückel forderte darüber hinaus sogar eine verbindliche Erklärung, die Stadt werde zukünftig niedrigere Löhne zahlen als die sonst üblichen. Ein Ratsmitglied meinte ergänzend, auch Soldaten erhielten niedrigen Lohn und sähen trotzdem gut aus. Überdies müsse den Arbeitern klargemacht werden, daß sie kein Recht auf Arbeit hätten. Die Notstandsarbeiten seien lediglich als Unterstützungsmaßnahmen anzusehen. Die Befürchtung, die Arbeiter würden bei niedrigen Löhnen der Armenverwaltung zur Last fallen, blieb unbeachtet.

Doch nicht genug damit: Durch ihre Unterschrift auf einer „Arbeiterkarte" mußten sich die Lohnabhängigen zu unbedingtem Gehorsam gegenüber den städtischen Aufsichtsbeamten verpflichten, die zugleich als Polizeibeamte vereidigt wurden. Trunkenheit, Zank und Ruhestörung führten zu sofortiger Entlassung, gegebenenfalls strafrechtlichen Konsequenzen. Wer zehn Minuten zu spät kam, erhielt für einen halben Tag keine Arbeit. Von solchen und ähnlichen Praktiken hatte die Zeitung des Arbeiter-Vereins bereits berichtet.

Kollegenschelte

Andreas Gottschalk ist über das Verhalten des Stadtrats und früheren Armenarztes Nückel hell empört. „Gewiß hatten Sie wie kein Anderer Gelegenheit", schreibt er ihm in der Zeitung des Arbeiter-Vereins, „die Kümmernisse und Leiden, die Wünsche und Hoffnungen des größten Theiles Ihrer Mitbürger kennen zu lernen. Von Ihnen sicherlich durfte man erwarten – wenn nicht Ihr Beruf eine Jahrmarktsposse ist –, Sie würden dem Elende ein warmer Fürsprecher und der Hartherzigkeit ein arger Mahner sein." Vergebens: „Sie hatten kein Auge für den Griffel des Elends, der in blutleeren, abgehärmten Wangen schreibt, Sie haben nie nach der Ursache geforscht, die unser Geschlecht verkrüppelt und das nachfolgende zu noch unglücklicheren Siechlingen herabwürdigt. (...) Für sie haben die Armen kein Recht, ihre Gemeindevertreter um Arbeit anzugehen. Gibt es denn für Sie überhaupt noch ein anderes Recht als das Recht des augenblicklichen Genusses? Und Sie wollen ihn jenen versagen, die zu vertreten Sie sich hervorgedrängt haben? (...) Arzt ohne Kopf und Herz, der auf Gräbern seine Possen treibt, für Sie gibt es weder Gründe des Gefühles noch der Vernunft. Nur am Magen sind Sie zu bessern, und wenn auch das Grau des Jason den verkindeten Schädel deckt: Sie werden leben, um den Wechsel der Zeiten zu lernen, Sie werden erfahren, wenn Ihre Scheinarbeit nicht mehr nutzbare Früchte trägt, daß es noch ein heiligeres Recht als das Recht auf Arbeit, daß es ein Recht auf werkthätige verzeihende Liebe geben muß, wenn nicht ein schmachvolles Verkommen Ihr ruhmloses Leben beschließen soll!"

Eine Attacke auf den Oberbürgermeister

Die hohe Pension des nach 25 Jahren aus dem Amt geschiedenen Oberbürgermeisters Adolph Steinberger bietet Andreas Gottschalk Anfang Februar erneut Anlaß zu einer ähnlich zornigen Sozialkritik. „Sie wollen leben, sagten Sie der Deputation des Arbeiter-Vereins", so beginnt er seinen offenen Brief an ihn, „und deswegen können und wollen Sie von den 3.000 Thalern, die der Stadtrat wie ein zweiter Crispinus Ihnen dankbarlichst ausgesetzt, nichts abgeben." Sodann vergleicht er Steinbergers Lebensstandard mit dem eines Kölner Armen: „Zehn, zwölf Silbergroschen Tagelohn, also 120 bis 140 Thaler im Jahr müssen hinreichen, ihn samt Frau und Kind zu ernähren, und wie viele leben in unserer Stadt, die auch diese kleine Summe nicht einmal erschwingen können. (...) Mit 2.000, mit 1.000, mit 800, mit 400 glauben Sie nicht leben zu können, und dennoch lebte Cincinnatus, der Rom mehrere Male gerettet hat, von den Rüben, die er sich auf seinem kleinen Felde eigenhändig zog. Sie sind nun freilich nicht Cincinnatus oder der kölnische Stadtrath nicht der römische Senat, aber Sie haben außer den 3.000 Thalern noch ein schönes Gut in Nippes. (...) Haben Sie denn auch bedacht, daß jeder Pfennig, den Sie einstecken, von des Volkes Schweiße herrührt, von seinem Blute erhoben, mit seiner Gesundheit, seinem Leben bezahlt wird?"

Zorn und Erbitterung treiben Gottschalk nun zu einer ebenso pauschalen wie maßlosen Kritik am Oberbürgermeister, dem er am 3. März des vergangenen Jahres mit den „Sechs Forderungen des Volkes" im Rathaus gegenüber gestanden hatte: „Sie können nicht leben ohne die vollen Dreitausend. So zeigen Sie uns doch durch irgend eine Ihrer Handlungen, daß Sie überhaupt gelebt und nicht bloß gegessen, getrunken und geschlafen haben. Zeigen Sie uns doch irgend eine Einrichtung, bringen Sie uns auch nur ein einziges Wort, die von Ihrer Liebe zum Volke, das Sie ernährt, die von Ihrem Sinne für die Freiheit und den Wohlstand Aller auch nur eine leise Kunde gäben." Resignierend bedauert er, daß Steinberger nicht zum Verzicht auf einen wenn auch nur kleinsten Teil seiner Pension zugunsten der hungernden Armen der Stadt

Wilhelm Kleinenbroich: Der Proletarier (1848)

bereit ist, zu keinem „hochherzigen Akt der Großmut". Offensichtlich hat er verdrängt oder schlicht vergessen, daß Steinberger 1846 während und nach der blutigen Martinskirmes auf Seiten der Bevölkerung gestanden hatte. Dankbare Bürger hatten ihn deshalb mit einem Fackel- und Musikzug vor seinem Landhaus in Nippes ehren wollen. Die Polizei verbot das unangemeldete Vorhaben, doch die 300 Mann starke Sympathisantenschar erreichte das Landhaus auf verschiedenen Wegen. Steinberger verwehrte den Ordnungshütern den Eintritt und wurde später wegen Einmischung in „polizeiliche Angelegenheiten" vom Regierungspräsidenten gerügt.

Der Antikarnevalist

Gottschalks Enttäuschung und Erbitterung ist so groß, daß er nun auch eines der beliebtesten Feste Kölns kompromißlos angreift und verurteilt: den Karneval. Unter der Überschrift „An das Kölner Spießbürgertum" veröffentlicht die Zeitung „Freiheit, Arbeit" am 18. Februar 1849, kurz vor den närrischen Tagen, seine säkulare Bußpredigt: „Alles läuft und rennt, als rennte man nach dem Glücke, nach dem Heile. Nun fragen wir jeden denkenden Menschen, dessen Magen nicht im Kopfe sitzt, wie ist es möglich, daß man in Zeiten solchen sowohl politischen als auch materiellen Drangsals dennoch immer das Geld und die Launen hat, Narrheiten, wie sie im Kölner Karneval von jeher personifiziert waren und sind, nachzuhangen."

Dem Einwand, durch den Fremdenverkehr käme Geld in die Stadt, begegnet er mit dem Argument, den Vorteil hätten nur „die Inhaber großer Confectionagen und Magazine". Sein Hauptvorwurf: Der Pomp des Karnevals stehe im schreienden Gegensatz zum nackten Elend der Kinder der Armen: „Wenn man des Abends die Straßen Cölns durchwandert, so sieht man dieselben stets von kaum halbbekleideten Kindern belagert, auf deren Gesichtern die Furchen des Hungers eingegraben sind, die nicht mehr das Ansehen menschlicher Gestalten tragen, sondern leere Schattenbilder sind: Und was thut die kölnische Bürgerschaft dazu? Nichts! Sie kümmert sich nicht darum, wenn sie nur schwelgen und ihren Leidenschaften nachhängen und Unsinn machen kann." Verbittert kommt er am Schluß seiner Scheltrede zu dem Urteil: „Wer heutzutage noch den Carneval will, der will den Unsinn und durch den Unsinn die materielle Noth des Volkes vergrößern. Wer aber diesen Unsinn will, das sind die Spießbürger und Kleinkrämer in Verbindung mit der hohen Bourgeoisie, gerade diejenigen Leute, die zur Hebung der Noth auch keinen Heller von ihrem Gelde hergeben wollen."

Mit keiner Silbe geht Gottschalk darauf ein, daß viele Bürger in Köln den Karneval seit Jahren zu versteckter oder offener politischer Agitation nutzen. So hatte Franz Raveaux 1844 mit seinen demokratischen Freunden das etablierte

117

„Festordnende Parlament" verlassen und eine „Allgemeine Karnevalsgesell-
schaft" gegründet – mit niedrigen Eintrittspreisen für die närrischen Veranstal-
tungen und Rotation im Vorstand bei jeder Vorstandssitzung. Ein Jahr später
erlebte die Domstadt dann sogar zwei Rosenmontagsumzüge. Auf dem Höhepunkt wurde Raveaux mit den Seinen auf dem Neumarkt umjubelt. Die
Etablierten mußten in einer Nebenstraße warten, bis ihre Konkurrenten weiter-
gezogen waren.

Zwist im Arbeiter-Verein

Nach zweiwöchiger Pflege seiner kranken Schwester bricht Gottschalk im
Januar 1849 zu einer Reise nach Brüssel auf. Will er sich bei der dortigen „Gesellschaft für medizinische und Naturwissenschaften" bewerben, deren ausländisches
Mitglied er seit seiner Studienzeit ist? Oder will er dort nur den Deutschen Arbeiter-Verein besuchen? Im Kölner Arbeiter-Verein haben Marx und dessen Freunde Oberwasser gewonnen. Ist er deswegen abgereist?

Während noch Freund und Feind über seine Motive rätseln, kommt es im
Kölner Arbeiter-Verein während seiner Abwesenheit aufgrund interner Macht-
kämpfe zu einem Eklat: Am 14. Januar ist die bisherige Zeitung nach kurzer
Unterbrechung unter dem neuen Titel „Freiheit, Arbeit" erschienen. Verleger ist
nicht mehr Vizepräsident Peter Gerhard Röser, sondern der Drucker J.A.
Brocker-Everaerts. Als verantwortlicher Redakteur zeichnet Johann Wilhelm
Prinz, ein Gottschalk loyal verbundener Mann. Schon in der ersten Ausgabe reitet
er entgegen der im Verein vertretenen Mehrheitsmeinung heftige Attacken gegen
die Demokraten, geißelt sie gar als „Volksfeinde". Deshalb wird er einen Tag später vom Komitee verwarnt, eine Redaktionskommission ihm zur Seite gestellt.

Im Komitee wird nun noch die Frage diskutiert, ob man für die preußische
Nationalversammlung liberale Demokraten unterstützen oder aber einen eigenen
Kandidaten aufstellen soll. Anneke hält den zweiten Vorschlag für chancenlos.
„Bürger Marx", vermerkt das Sitzungsprotokoll, „war ebenfalls der Meinung, daß
der Arbeiter-Verein als solcher jetzt keine Kandidaten durchbringen könne; es
handele sich für den Augenblick auch nicht darum, in prinzipieller Hinsicht etwas
zu tun, sondern der Regierung, dem Absolutismus, der Feudalherrschaft Opposition zu machen. Dazu seien auch einfache Demokraten, sog. Liberale hinrei-
chend, die ebenfalls mit der jetzigen Regierung bei weitem nicht zufrieden
seien." Um bei ihnen noch mehr Einfluß zu gewinnen, beteiligen sich Marx und
Anneke an der Gründung eines „Wahlmänner-Vereins", durch den sie bessere
Kontakte zu den Abgeordneten in Berlin herstellen wollen. Diese sollen für Pressefreiheit eintreten und im Falle restriktiver Gesetzgebung die Preußische Nationalversammlung verlassen.

Gottschalks irritierende Erklärung

Dem Komitee liegt am 15. Januar eine von Gottschalk in Brüssel verfaßte Erklärung vor: „Nach dem Gange der öffentlichen Verhandlung meines Prozesses hätte ich erwarten dürfen, die Staatsbehörde selbst würde die Grundlosigkeit der gegen mich und meine Gefährten erhobenen Anklage erkennen, dieselbe fallen lassen, vielleicht gar in Rücksicht auf unsere sechsmonatige Haft unsere Freisprechung beantragen. Ich habe mich geirrt. (...) Unter solchen Umständen kann ich es nur erklärlich finden, daß viele meiner Mitbürger, wenn auch nicht gerade Herr Oberst Engels, selbst dem einstimmigen Urteil der Geschworenen gegenüber ihre Überzeugung von meiner Schuldbarkeit aufrechterhalten und habe ich es demnach, sobald es meine Gesundheitsverhältnisse erlaubten, für angemessen erachtet, die Strafe freiwillig über mich zu nehmen, welche man gegen mich beantragt haben würde. Ich habe mich freiwillig verbannt bis zu dem Augenblick, wo die Stimme des annoch obersten Richters im Lande oder der allgemeine Ruf meiner Mitbürger mich ins Vaterland zurückführen wird."

Erwartet er ernsthaft, daß der „annoch oberste Richter", der König selbst, den Kölner Freispruch bestätigt? Oder der Kölner Stadtrat ihn zurückbittet? Oder der Arbeiter-Verein? Ist er nach langer, ungerechter Haft maßlos gekränkt – oder sieht er im Arbeiter-Verein schlicht seine Felle davonschwimmen? Irritiert nimmt das Komitee seine Erklärung zur Kenntnis. Marx beantragt eine Vertagung der Angelegenheit. Die Erklärung sei „zu zweifelhaft und undeutlich, um daraus mit Sicherheit einen Schluß zu ziehen". Ist er versöhnlich gestimmt oder will er nur eine spontane Solidaritätswelle für den lästigen

Eintrittskarte des Kölner Arbeiter-Vereins (1848)

119

Widersacher verhindern? Auf sein mit Beifall bedachtes Votum hin werden Anneke, Schapper, Röser, Esser und er selbst in eine Kommission gewählt, die von Gottschalk genauere Auskunft einholen soll.

In den nächsten Ausgaben von „Freiheit, Arbeit" verschärft Redakteur Prinz unter Mißachtung der ihm beigegebenen Kommission seine Angriffe, druckt auch den Text von Gottschalk ab und gießt so weiteres Öl ins Feuer. „Wenn das so fortgeht", erklärt Röser am 29. Januar im Komitee, „dann haben wir unsere Sitzungen damit auszufüllen, gegen die Artikel unseres eigenen Organs zu protestieren und die Fehler und Inkonsequenzen unseres Redakteurs wieder gutzumachen." Prinz wird zur Rede gestellt. Doch er reagiert ausweichend. Daraufhin erklärt das Komitee die Zusammenarbeit mit ihm und seiner Zeitung für beendet. Die frühere Zeitung „Freiheit, Brüderlichkeit, Arbeit" wird mit Esser als Redakteur fortgesetzt. Die Vignette zeigt jetzt einen revolutionären „Blusenmann" mit Schwert und roter Fahne.

Fraktionskämpfe

Andreas Gottschalk war inzwischen von Brüssel nach Paris weitergereist. Hier suchte er offensichtlich Abstand zu den ihn aufwühlenden Ereignissen in der Heimat und Kontakt zu den französischen Arbeiterorganisationen zu gewinnen. Er freundet sich mit Georg Herwegh an und greift Marx in einem Artikel für das immer polemischer werdende Oppositionsblatt „Freiheit, Arbeit" in einer bisher nicht dagewesenen Schärfe an.

Pariser Intermezzo

Mit den „vereinten Arbeiter-Assoziationen" von Paris feierte er am 21. Januar ein Bankett. „Das gemeinschaftliche einfache Brudermahl", so schreibt er an Redakteur Prinz, „ging unter so erhebender Gemüthlichkeit vonstatten, daß man sich in der Tat im Schoße einer einzigen Familie zu befinden glaubte, welche eines ihrer liebsten Feste feierte. Gleich bei Eröffnung des Mahles rauschten die herrlichen Klänge der Marseillaise wie eine Siegeshymne aus einem Chor von 60 Musikern hervor, auf welche der ganze Saal mit einer wahrhaft hinreißenden Begeisterung in den Ruf ausbrach: ‚Es lebe die demokratisch-soziale Republik!'"

Bewegend und erschütternd für den deutschen Gast waren Informationen über das Schicksal der während der vorjährigen „Juni-Schlacht" in Paris massakrierten Arbeiter und ihrer darbenden Familien. Das Andenken an die unschuldigen Opfer, so Gottschalk, dürfe „nie und nimmer aus dem Gedächtnisse des betrogenen Volkes schwinden; ihre Leiden, ihre Qualen, ihre Todesseufzer müssen in unauslöschlichen Zügen an den Wänden dieser Säle stehen". Tief beeindruckt von einer reichhaltigen Kollekte für die Familien der getöteten Arbeiter notiert er: „Man macht sich nicht leicht einen Begriff von der Hochherzigkeit, dem wahrhaft biederen Sinn dieser sogenannten unteren Volksklasse in Frankreich." Nur bei ihr sei noch „jener so bekannte Charakter in seiner Reinheit geblieben, durch welchen der Franzose der Freund der ganzen Welt geworden ist". Demgegenüber prangert er die Regierung an: „Die Volksmänner werden eingekerkert, die Redner zu schweren Geldstrafen verurtheilt, die Clubs mit einem wahren Fanatismus verfolgt." Doch das sei nur der Todeskampf der Bourgeoisie: „Der Boden schwindet ihr unter den Füßen – die Arbeiterwelt hat ihn unterwühlt, der Sozialismus drängt sich triumphierend in die faul gewordenen bürgerlichen Verhältnisse und stößt sie mit einem letzten gewaltigen Schlage über den Haufen."

Angesichts der derzeitigen Situation sind das gewagte Prognosen. Denn nach der Niedermetzelung der Pariser Arbeiter im Juni vergangenen Jahres war von konservativen Kräften eine Verfassung durchgesetzt worden, die Familie, Eigentum und öffentliche Ordnung als Grundlage der Republik fixierte. Statt des Rechts auf Arbeit wurde jetzt nur noch das „Recht auf Unterstützung" festgeschrieben. Bei den Parlamentswahlen im Dezember hatte der Kandidat der Sozialisten nur noch 37.000 Stimmen erhalten. Die „Partei der Ordnung" siegte.

Attacken gegen Karl Marx

In die Kölner Debatten mischt sich Gottschalk kurz vor seiner Heimreise mit einer überaus scharfen, am 25. Februar im Oppositionsblatt „Freiheit, Arbeit" abgedruckten Attacke gegen Marx ein. Gleich zu Beginn unterstellt er ihm das Gehabe eines Goliath und damit seine zukünftige Niederlage: „Sie werden mitleidig lächeln über den Zwerg, der dem Riesen Marx, über das kleine Blättchen, das der großen Rheinischen Zeitung den Handschuh hinzuwerfen wagt. Vielleicht bieten wir Ihnen nur die längst ersehnte Gelegenheit, in der Weise Goliaths wieder einmal von Ihren Großthaten zum Lager ihrer demütigen Philister zu sprechen." Sodann spricht er von Marx' „nicht eben turnierfähigen Waffen" und ist gewiß, daß auch für ihn „ein David sich finden läßt". Offensichtlich war ihm aus Köln geschrieben worden, Marx habe ihn und seine Freunde „Männer des subalternen Krakehls" tituliert.

Wütend beschimpft Gottschalk nun seinen Widersacher als „modernen Jeremias", der zwar „den Untergang der Bourgeoisie geweissagt", aber deren Kandidaten unterstützt habe. Damit kommt er zu seinem Hauptvorwurf: Marx habe mit seiner Zeitung durch sein wahltaktisches Zusammengehen mit Demokraten, mit „Schwächlingen und Nullen", nur „Unfähigkeit geschützt, befördert, in die revolutionäre Partei eingeschwärzt". Für ihn, der vom baldigen Sieg der Revolution überzeugt ist, sind Marx' langfristige Strategien unverantwortliche Irrwege, und das schon seit der Februar-Revolution von 1848. „Seit dem Februar stehen wir, die ‚Männer des subalternen Krakehls', mitten in der Revolution. Wozu aber eine Revolution, wozu sollen wir, Männer des Proletariats, unser Blut verspritzen", so poltert er los, „müßten wir wirklich, wie Sie, Herr Prediger uns verkünden, um der Hölle des Mittelalters zu entgehen, uns freiwillig in das Fegfeuer einer dekrepiden Kapitalherrschaft stürzen, um von dort in den nebelhaften Himmel Ihres ‚kommunistischen Glaubensbekenntnisses' zu gelangen." Sodann unterstellt er dem vom historischen und ökonomischen Materialismus bestimmten Marx Unlauterkeit und Heuchelei: „Ihnen ist es nicht Ernst mit der Befreiung der Unterdrückten. Das Elend des Arbeiters, der Hunger des Armen hat für Sie nur wissenschaftliches, doktrinäres Interesse. Sie sind erhaben über solche Misere. Als gelehrter Sonnengott bescheinen Sie bloß die Parteien. Sie sind nicht ergriffen von dem, was die Herzen der Menschen bewegt. Sie glauben nicht an die Sache, die Sie zu vertreten vorgeben. Ja, trotzdem Sie jeden Tag die Revolution nach der Schablone der vollendeten Tatsachen verschneiden, ja trotz Ihres ‚kommunistischen Glaubensbekenntnisses' glauben Sie nicht an die Empörung des arbeitenden Volkes, deren steigende Fluten schon dem Kapitale den Untergang zu bereiten anfangen, glauben Sie nicht an die Permanenz der Revolution, glauben Sie nicht einmal an die eigene revolutionäre Befähigung."

In seiner Wut übersieht oder verdrängt Gottschalk die Tatsache, daß Marx in der Neuen Rheinischen Zeitung immer wieder detailliert auf die konkreten Leiden und Nöte der Arbeiter in Frankreich, in Deutschland, auch in Köln, eingegangen ist. Die Grundthesen des Kommunistischen Manifests, die „den Sieg der Proletarischen Revolution von einer noch erst zu erwartenden Entwicklung der Industrie und Herrschaft der Bourgeoisie abhängig machen", qualifiziert er ganz einfach moralisch ab.

Die Neue Rheinische Zeitung geht auf diese Polemik mit keiner Silbe ein. Marx selber sucht Salomon Theodor Gottschalk auf und erklärt ihm – offensichtlich im Blick auf die Titulierung „Männer des subalternen Krakehls" –, sein Bruder sei falsch informiert worden. Er werde deshalb nicht reagieren. Im

Kölner Arbeiterverein jedoch stößt die Attacke auf die von Marx erwartete lebhafte Ablehnung, die Gottschalk nach seiner Rückkehr zu spüren bekommen wird.

Gesinnungsfreund Herwegh

Zuspruch findet Gottschalk in Paris bei Georg Herwegh, der Marx ebenfalls kritisch gegenüber steht. Das stellt auch Ernst Dronke, Publizist und Mitarbeiter der Neuen Rheinischen Zeitung, Anfang März in einem Brief aus Paris an Marx fest: „Gegen die Zeitung wird hier von Gottschalk stark geheult (...). Überhaupt scheint hier eine ganze Bande von Kerlen, die mit Herwegh in Verbindung stehen, organisierte Intrigen gegen die Zeitung zu spinnen."

Zwar hält Gottschalk Herweghs abenteuerlichen Feldzug nach Baden nach wie vor für falsch, doch die Wertschätzung seiner Person und Poesie hat darunter nicht gelitten. Als er ihm in Paris begegnet, freundet er sich rasch mit ihm an. Von seiner Kritik an den zaudernden Abgeordneten der Frankfurter Nationalversammlung ist Gottschalk so begeistert, daß er seine Gedichte regelmäßig an die ihm verbundene Redaktion der Zeitung „Freiheit, Arbeit" schickt. Dort erscheint dann am 25. Februar 1849 eines der ersten Gedichte, die Herwegh nach seiner Rückkehr ins Pariser Exil verfaßt hat:

Mein Deutschland strecke die Glieder
Ins alte Bett so warm und weich;
Die Augen fallen Dir nieder,
Du schläfriges deutsches Reich (…)

Die Professoren reißen
Uns weder Thron noch Altar ein;
Auch ist der Stein der Weisen
Kein deutscher Pflasterstein (…)

Fünfhundert Narrenschellen
Zu Frankfurt spielen die Melodie:
Das Schiff streicht durch die Wellen
der deutschen Phantasie.

Karikatur der Frankfurter Abgeordneten (1848)

Die Bonner Demokraten

Gottschalk entschließt sich nicht dazu, an der von ihm vorausgesagten hoffnungsvollen Entwicklung der französischen Sozialdemokratie teilzunehmen, sondern kehrt Ende Februar 1849 nach Deutschland zurück, vorerst zu seiner Schwester nach Kessenich. Am 20. März äußert er sich bei einem Vortrag im Bonner Demokratischen Verein enthusiastisch über den Dichterfreund: „Ich bin stolz auf seine Freundschaft; ja heute, wo Verleumdungen nicht bloß von den monarchischen Partheien, sondern auch von ihrem demokratischen Nachwuchse mit Beifall und Ehren belohnt werden, heute (...) erkläre ich ihn für einen der Wenigen, die mit dem revolutionären Willen auch eine entsprechende schöpferische Kraft vereint haben. Beurtheile man seinen Zug nach Baden wie man wolle – hätte er Erfolg gehabt, man würde ihn loben – daß es ihm an seiner Vergangenheit nicht genügte, bestimmt ihn der Zukunft; und wenn einst das deutsche Volk aus seinem Schlummer erwacht, (...) wenn es zur Leitung seiner Angelegenheiten Alles heraufruft, was an revolutionärer Kraft es birgt, dann wird es sich des Dichters erinnern, der früher als alle die Erlösung durch die Revolution verkündet und trotz aller Leiden an ihre Verwirklichung heute noch glaubt."

Schon vorher schrieb er dem Freund nach Paris, sein Gedicht „Im Frühling" sei „von hiesigen schlichten Bauern abgeschrieben und ins Gebetbuch gelegt worden":

O laß sie träumen den Kaiserwahn,
Alt-Deutschlands Ritter und Recken;
Wie werden sich vor dem roten Hahn
Die roten Adler verstecken!

O laß sie träumen noch eine Nacht!
Dann wetzen wir aus die Scharte,
Dann werden Fidibusse gemacht
Aus der europäischen Karte.

Die Völker kommen und läuten Sturm –
Erwache, mein Blum, erwache!
Vom Kölner Dome zum Stephansturm
Wird brausen die Rache, die Rache (...)

Das alles, das alles soll geschehn
In kommenden Frühlingstagen –
Herrgott, laß die Welt nicht untergehn,
Eh' die Nachtigallen schlagen!

Gottschalks Besuch im Bonner Demokratischen Verein hat einen konkreten Anlaß, auf den der mit großem Beifall Empfangene sogleich am Beginn seiner Rede zu sprechen kommt: „Bürger! Die Republikaner der Stadt Bonn haben mir die Ehre erzeigt, mich, den Abwesenden zur Vertretung nach Berlin wählen zu wollen. Ich glaubte meinen Dank für das Vertrauen so entschieden gesinnter Männer, das mich mehr als gefreut hat, das mich wahrhaft gerührt hat, nicht besser erstatten zu können, als indem ich Ihnen die Gründe meiner Abwesenheit ohne Rückhalt mittheile." Mit einem Seitenhieb auf die Kölner Demokraten erklärt er: „Gewiß mußte es auffallen (und Mißdeutungen kamen mir nicht unerwartet) daß ich zu einer Zeit, wo jeder Schatten einer Volksbeliebtheit zu Wahlzwecken ausgebeutet wurde, durchaus keine Ansprüche auf meine Vergangenheit habe gründen wollen. Glauben Sie nicht, daß etwa die Gefangenschaft meinen Sinn geändert oder meinen Muth gebeugt habe."

Doch er vermeidet es nun, seine entschiedene Ablehnung indirekt gewählter Kandidaten deutlich zur Sprache zu bringen; denn kurz zuvor hatten die Bonner

Freunde ihre so zum Erfolg gekommenen Abgeordneten nach Berlin schicken können. Stattdessen gibt er sich bescheiden und redet eloquent um den heißen Brei herum: „Unter der Menge, die sich berufen fühlte, an den Geschicken unseres Volkes zu meistern, wollte ich Niemandes Ansprüchen entgegen sein, und je mehr durch das heutige Wahlsystem sich der Kreis derjenigen verengt, je geringer die Zahl derjenigen ist, welche wirklich vertreten werden, umso mehr fühlte ich das Bedürfnis, mich selbst darauf zu prüfen, ob ich nach meinen Ansichten, Gefühlen und Fähigkeiten noch immer im Stande sein würde, dem arbeitenden Volke zu nützen."

Damit hat Gottschalk es – ganz anders als in Köln – geschickt vermieden, die Bonner Demokraten, allen voran den ihm freundschaftlich verbundenen Gottfried Kinkel, politisch zu kritisieren. Der Oberkasseler Pastorensohn, anfänglich Dozent der Theologie in Bonn, war wegen abweichender Lehrmeinungen und Heirat mit einer geschiedenen Katholikin beruflich ausmanövriert und danach Professor der Kunstgeschichte geworden. Zusammen mit dem Studenten Carl Schurz gehörte er zu den Gründern des Bonner Demokratischen Vereins und wurde ihr Präsident. Trotz massiver Kritik an der vom Preußenkönig oktroyierten Verfassung hatten sie im Februar 1849 an den Urwahlen zur zweiten Kammer der preußischen Nationalversammlung teilgenommen und dabei ähnliche Ziele propagiert wie Gottschalk in Köln. In der von ihm gegründeten und redi-

Gottfried Kinkel (1815-1882)
im Zuchthaus Naugardt/Pommern, 1849/50

gierten „Neuen Bonner Zeitung" und der Beilage „Spartacus" hatte Kinkel das geltende Stimmrecht aus wahltaktischen Gründen zur „wichtigsten Waffe im Klassenkampf" erklärt und Reformen gefordert: Unermeßlich viel könne geschehen, „bevor die Throne stürzen". Mit 236 zu 214 Stimmen konnte er sich gegen seine konservativen Gegner durchsetzen und zusammen mit zwei Gesinnungsfreunden als Vertreter des „Bonn-Sieg-Kreises" in die zweite Kammer einziehen, wo er mit Karl D'Ester der „äußersten Linken" angehörte und sich bereits Wortgefechte mit dem Abgeordneten Otto von Bismarck geliefert hatte.

Johanna Kinkel, eine von Felix Mendelsohn-Bartholdy und Robert Schumann gelobte Komponistin und Liedpianistin, hatte in Abwesenheit ihres Mannes die Redaktion der Neuen Bonner Zeitung übernommen und den politischen Zwist der Kölner kritisch verfolgt. Sie bedauerte, schrieb sie ihrem Mann nach Berlin, auch Gottschalk von der „Cölner Zankluft" angesteckt zu sehen: „Dort

Gottfried Kinkel und Carl Schurz nach ihrer Flucht in England, 1850

127

glaubt kein Demokrat vom andern, daß er das Wohl des Volkes so richtig begriffen habe wie er selber. Ich kann nicht unterscheiden, wer im höheren Recht ist, nur berührt es mich unangenehm, daß sie sich untereinander verdächtigen und sich in ihren Zeitungen vor den Augen der Gegenpartei beißen." Auch Gottschalk scheint ihr zu schnell bereit zu sein, „seine Mitkämpfer für unfähig zu erklären".

Flügelkämpfe

Aufgrund seiner am 15. Janur in Brüssel verfaßten Erklärung und nachfolgender Polemiken trifft Gottschalk nun in Köln am 22. April der volle Zorn des

Johanna Kinkel (1810-1858)

Arbeiter-Vereins. Dessen Zeitung „Freiheit, Brüderlichkeit, Arbeit" äußert „im Namen vieler Kameraden" den Verdacht, er habe den Verein wohl zu seinen persönlichen Zwecken – „wer weiß, welchen" – mißbrauchen wollen. Sein selbstgewähltes Exil samt seinem indirekten Appell an den „annoch obersten Richter" wird massiv kritisiert. Zweideutige Männer wie er, die „hinter der Front manövrieren" und „in den Augen der Könige ihre politische Unschuld zu bewahren suchen", seien „viel gefährlicher als alle Reaktionäre". Die scharfe Kritik endet mit einer antisemitischen Tirade: Hinter seinen Erklärungen verberge sich weiter nichts als die „jüdische Hinterlist von Wien, Prag, Pest und

Paris, wo sie immer das Volk verrieten und verließen, wenn ihr politischer Ehrgeiz oder ihr Interesse nichts dabei gewinnen konnten."

Einzelne mit Marx sympathisierende Mitglieder des Arbeitervereins reagieren ähnlich empört auf Gottschalk. Der habe nach seiner Rückkehr aus Brüssel nicht im geringsten zur Aufklärung und Rechtfertigung seines Betragens beigetragen. Mit seinem Appell an den König habe er sich „an die Seite der Legitimisten und Monarchisten" gestellt. Das Volk habe er dadurch verhöhnt, daß er sich den Weg sowohl zu ihm als auch zum König offenhalten wolle. Er sei zurückgekehrt, „ohne von irgend Jemandem gerufen worden zu sein". Dadurch sei „die ganze Sache der freiwilligen Verbannung in reinen Dunst" zerfallen. Dr. Gottschalks Verhalten seit seiner Freisprechung sei in keiner Weise zu billigen. Mit „Entschiedenheit und Entrüstung" weist man die Zumutung zurück, „sich im Interesse der Monarchie mißbrauchen zu lassen oder sich durch hämische, persönliche Angriffe auf einzelne Personen irreleiten zu lassen oder sich einen Präsidenten mit einem Schweifwedelkomitee aufoktroyieren zu lassen oder einen freiwillig Verbannten, der die Gnade des Königs und des Volkes zugleich anruft, um erlöst zu werden, zurückzurufen, oder überhaupt sich von irgend einem Menschen, möge er sein, wer er wolle, gleich dummen Jungen behandeln zu lassen."

Der Attackierte ist sehr getroffen. Am 27. April 1849 erscheint im Verlag des Druckers Brocker-Everaerts seine Rechtfertigungsschrift „An die Arbeiter Kölns und Umgebung": Wenn er eitel gewesen wäre, hätte er sich schon im Vorjahr bei den Wahlen aufstellen lassen können. Die faulen Kompromisse mit den Demokraten hätten ihn allerdings gekränkt, mehr noch freilich die Schmähungen vieler Arbeiter, für die er seit März 1848 so viel getan habe. Doch auch ihnen wünscht er wie schon so oft „den Sieg der Freiheit, der Gleichheit, der Brüderlichkeit, der Arbeit".

Gottschalks späte Genugtuung

Inzwischen haben sich Marx und Anneke angesichts der Schwäche der liberalen Demokraten bereits darauf vorbereitet, die Zusammenarbeit mit ihnen zu beenden. Und am 16. April beschloß die Generalversammlung des Kölner Arbeiter-Vereins einstimmig, aus dem Verbande der demokratischen Vereine Deutschlands auszutreten und sich der „Allgemeinen deutschen Arbeiterverbrüderung" anzuschließen – der ersten landesweiten politischen Arbeiterorganisation, die soziale Reformen in einem demokratisch organisierten Staat auf friedlichem Wege anstrebt. Hauptinitiator war neben norddeutschen Arbeiter-Vereinen der Buchdrucker Stephan Born, ehemals Mitarbeiter von Marx und Engels im Bund der Kommunisten. Sehr bald kamen 170 örtliche Vereine und Bezirksorganisationen hinzu. In Leipzig bildete sich ein Zentralkomitee mit Born als Präsidenten.

Nach dem erfolgten Anschluß des Kölner Arbeiter-Vereins an die „Allgemeine deutsche Arbeiterverbrüderung" senden nun ehemalige Mitglieder des Arbeiter-Vereins ein mit vielen Unterschriften versehenes Schreiben an Gottschalk, in dem sie ihm Recht geben und das aus ihrer Sicht widersprüchliche Verhalten der Marxschen Fraktion geißeln. Die frühere Bindung an die Demokraten und jetzige Trennung von ihnen sei das beste Zeugnis dafür, daß die bisherigen Führer des Vereins „selbst nicht gewußt, was sie gewollt haben, und nicht wissen, was sie noch wollen". Die Briefschreiber wollen deshalb einen neuen Verein bilden und Gottschalk bitten, dessen Leitung zu übernehmen. Einige von ihnen reisen Ende April nach Bad Ems, wo er sich während eines Kuraufenthalts seiner Schwester aufhält. Er dankt für das bewiesene Vertrauen, erklärt aber bedauernd, „persönliche Verhältnisse" – wohl die Fürsorge für seine Schwester Rebekka – würden seine Rückkehr nach Köln momentan nicht gestatten. So muß sich denn der neue „Verein zur Erlangung von Freiheit und Wohlstand für alle" ohne ihn konstituieren. Schon eine Woche zuvor hatte er an Herwegh geschrieben, er werde wohl der Schwester wegen in Bonn bleiben und sich bei der medizinischen Fakultät melden, um über „Erziehung, Kritik der Medizin und Klinik" Vorlesungen zu halten. Zuversichtlich meint er: „Die hippokratischen Theologen werden Schwierigkeiten zu machen suchen; man wird mich aber zulassen müssen." Er will Dozent werden und sich habilitieren, schreibt er Moses Hess nach Paris. Sein politisch-kämpferisches Engagment für die Arbeiter tritt nun nach allen – auch enttäuschenden – Erfahrungen – offensichtlich zugunsten berufsspezifischer Pläne zurück, die jedoch ebenfalls von seiner sozialen und humanistischen wie auch religiösen Motivation bestimmt sind.

Jüdisch-christliche Befreiungstraditionen

Gottschalk hatte verschiedene Gedichte von Georg Herwegh in der Zeitung „Arbeit, Freiheit" veröffentlichen lassen. Er wollte damit die Arbeiter aufrütteln und ermutigen. Sie sollten die Fabrikherren und Bankiers anprangern, die das Elend der Armen nur geringfügig lindern. So würden sie „die reichen genußsüchtigen, aber trägen Glieder unserer Gesellschaft" auf den schreienden

Gegensatz von arm und reich aufmerksam machen. Dadurch, daß sie „den Unmenschen ihre Unmenschlichkeit unablässig vorhalten", könnten diese „Menschen im wahren Sinne der Bibel", mit Wort und Tat „wahre Christen, auch wahre Glieder einer wahrhaft menschlichen Gemeinschaft" werden. Redakteur Prinz veröffentlicht diesen moralischen Appell in der Zeitung „Freiheit, Arbeit". In ähnliche Richtung zielt ein anonymes Gedicht, das aufgrund seiner Sprache und erkennbarer Bibelkenntnisse wohl von Andreas Gottschalk stammt, dessen Beiträge stets anonym erscheinen. Es trägt den Titel „Rehabeam" und verweist als Quelle auf das biblische „1. Buch der Könige, Kapitel XII, Vers 1-19". Im Kostüm der Vergangenheit enthält es die Botschaft, die Herrschaft des verstockten preußischen Königs werde durch die des Volkes abgelöst werden:

Salomon ben David ruhte
In der stillen Gruft der Väter,
Als Rehabeam dem Sohne
Reich und Krone ward vom Volke.

Dieser zog nun hin nach Sichem,
Gleich ihm seines Reiches Räthe,
Um mit den vereinten Stämmen
Wort und Handschlag zu vertauschen.

Und Jerobeam, der Redner
Israels und von Judäa,
Trat vor ihn mit ernster Miene
Sprechend Worte weisen Inhalts.

„König", sprach er, „Deine Knechte
Wünschen längst Dich auf dem Throne
Deines Vaters. – Schwer und eisern
War sein Joch, das uns geknechtet.

Nimm der Bürde Du die Schwere
Und dem Joche seine Stachel,
Denn es drückte Stirn und Nacken
Wund und blutig, wie die Seele."

„Gehet", sprach der junge König.
„Antwort wird euch nach drei Tagen."
Und er sagte nun den Alten,
Was der Wunsch sei von den Stämmen.

„Herr", erwiderten die Alten,
„Was Jerobeam geredet,
Sprach ein Gott durch seine Lippen;
Und was Gott spricht, das ist Wahrheit.

Sei dem Volk ein milder Herrscher,
Treu in Worten wie an Wahrheit.
Werde dieser Stämme Diener,
Und Du wirst des Volkes Herr sein."

Doch er spottete der Alten,
Wandte sich an jüng're Räthe,
Die an Geist wie an Erfahrung
Jung noch waren, wie der König.

„Herr", so riefen sie, „Gebieter!
Also rede zu den Männern:
Dicker ist mein kleiner Finger
Als die Lenden meines Vaters.

Fand des Vaters hohe Weisheit
Strafe nöthig in dem Volke,
Will ich, schlug er euch mit Peitschen,
Züchtigen mit Skorpionen."

Diesem bösen Rathe folgend
Gab Rehabeam die Antwort.
Und es fielen zehn der Stämme
Ab von Davids Reich und Krone.

Was vor vielen tausend Jahren
Sprach der Redner samt den Alten,
Ruft ein Gott durch Volkesstimme
Jetzt ins Ohr der Staatenlenker.

Doch verschlossen sind die Herzen
Und verhärtet gegen Warnung,
Bis das Flammenschwert Empörung
Hinflammt über alle Lande;

und das Volk der Reiche Ruder
Selbst mit hartbeschwielter Faust führt.
Doch dann hängt von allen Stämmen
Wohl kein Einz'ger an der Krone.

Doch Gottschalk formuliert sein politisch-religiöses Bekenntnis nicht nur in Gedichtform, sondern argumentiert auch in theologischer Sprache. Sein profundes Wissen und seine positive Einstellung zur jüdisch-christlichen Religion formt er am 15. April in der Zeitung „Freiheit, Arbeit" ansatzweise zu einer Art Theologie der Befreiung. Er beginnt mit einem Zitat aus dem Matthäus-Evangelium: „Da Jesus aber das Volk sah, ging er auf einen Berg und setzte sich, und seine Jünger traten zu ihm. Und er that seinen Mund auf und lehrte sie." Gottschalk interpretiert den Text sogleich politisch: „Also eine Volksversammlung, eine Volksversammlung im Freien, etwa wie zu Worringen (...), ohne vorherige Erlaubnis des Landraths oder Polizeidirektors Pontius Pilatus, und doch wurde sie weder durch die Judenwehr noch durch die heidnische Kriegsmacht gesprengt." Das sei eigentlich erstaunlich; Jesus wurde ja beschuldigt, „er reize die untersten Volksschichten zum Umsturze alles Bestehenden auf". Doch Pilatus selbst habe ja gesagt, er fände keine Schuld an ihm. Als Regent eines großen Staates habe er zudem das Recht der freien Rede wahren wollen, das sogar unter Kaiser Augustus gegolten habe – mehr noch natürlich in den Zeiten zuvor! Mit diesem Stichwort kommt Gottschalk auf die Vorzüge der altrömischen Republik zu sprechen: „Während der Republik würde man in die Verbannung geschickt und als vogelfrei erklärt, am Wenigsten aber zum Oberprokurator oder Generaladvokat dafür ernannt worden sein, daß man sich erdreistet hätte, die Rechte des Volkes anzutasten!" Ein deutlicher Hieb gegen den Kölner Staatsanwalt, der ihn und seine beiden Mitgefangenen monatelang in Haft hielt!

Die Freilassung des Barrabas durch Pilatus ist für ihn ein Beweis dafür, daß die Justiz des Altertums in gewisser Weise gerechter war als die preußische: „Weil nämlich die menschliche Gerechtigkeit jedes Mal dem Irrthume zugänglich ist, so war es im Alterthume wie auch im Mittelalter Sitte, daß man den Gerichtsverfolgungen in Freistätten durch die Verbannung und die Gnade des Volkes entgehen konnte. Nur unsre Rechtsschergen bilden sich ein, unfehlbar zu sein." Freilich klammert Gottschalk die Tatsache aus, daß die römische Politik gegenüber Unterjochten weit grausamer war als die preußische. Er prangert primär Dimensionen des Unrechts an, das ihm selbst angetan wurde.

„Die Lehre Christi über die Menschenrechte"

Offensichtlich unberührt von der Marxschen Religionskritik beruft sich auch der Faßbinder Christian Joseph Esser in der Zeitung „Freiheit, Brüderlichkeit, Arbeit" immer wieder in ähnlicher Weise wie Gottschalk auf urchristliche Traditionen, die er frei zitiert. „Folgendermaßen redet Christus," – so ein Beitrag am 19. April – „der edelste Vorkämpfer für Gerechtigkeit und Freiheit auf Erden, über die Aristokraten, Volksbedrücker und Baals-Pfaffen: ‚Wehe euch, Schriftgelehrte und Pharisäer, ihr Heuchler, weil ihr der Witwen Häuser fresset und dabei zum Scheine lange betet. Ihr blinden Führer! Die ihr die Mücke durchseiht, das Kamel aber verschluckt. Wehe euch ihr Schriftgelehrten, ihr Heuchler, die ihr das Äußere des Bechers reinigt und inwendig aber voll Raubes und Schwelgerei seid.'"

Esser interpretiert entsprechende Zitate aus dem Matthäus-Evangelium sozialgeschichtlich und fragt: „Wer sind die ‚Wölfe in Schafskleidern', die den Heiland der Welt selbst haben ans Kreuz genagelt, da er gekommen war, den Armen das Evangelium, das Freudenwort von der Befreiung aus jedweder Knechtschaft zu verkünden?" Seine aktualisierende Antwort: „Es sind die, welche unter dem Schild der ‚Gesetzlichkeit' in ihren Erbfolge- und Eroberungskriegen 1.000 und 10.000 unschuldige Schlachtopfer ihrer Habsucht, ihrer Herrschsucht und ihrer Launen geopfert haben und noch hinschlachten. Das Reich des Satans sind die, welche das Christentum verdrehen, das Heiligste zum Kappzaum des Volkes entwürdigen, die das Volk verdummen und in Ketten schmieden." In gleichem Sinne aktualisiert Esser Sätze aus dem Brief des Paulus an die Galater: „Ihr seid zur Freiheit berufen, ihr Brüder! Werdet nicht Knechte der Menschen; denn das Gesetz wird in einem Wort begriffen: ‚Du sollst deinen Nächsten lieben wie dich selbst!' Ist das die Menschenliebe der Monarchien, daß sie wie in Irland, so in Schlesien und im sächsischen Erzgebirge ihre Bürger verhungern lassen?"

Nach weiteren biblischen Aussagen über Gerechtigkeit und Liebe als unbedingte Voraussetzung ethischen Handelns erklärt Esser schließlich: „Das von der Bande der ‚Vorrechtler' stiefmütterlich und unchristlich behandelte sogenannte ‚Proletariat' hat das göttliche Recht, soziale Verbesserung seines elenden Loses zu fordern: Die erobernde Herrscher-, Aristokraten- und Adelskaste hat nicht das mindeste Recht, das Volk durch List, Willkürgesetze und Säbelherrschaft niederzuhalten, auszusaugen und von seinem Mark zu prassen." Er spricht von 136 Millionen Talern, die der Preußenkönig „über den Etat ungesetzmäßig aus den Taschen des Volkes" erhoben habe. Hier gehe das Wort des weisen Sirach in Erfüllung: „Viele lassen sich mit Geld bestechen, und es bewegt auch wohl der Könige Herz (Sir. 8,3)."

In einer späteren Ausgabe der Zeitung des Arbeiter-Vereins verweist Esser zur Untermauerung seiner Ablehnung jedweden Königtums auf eine der wenigen strikt antimonarchistischen Traditionen der jüdischen Bibel (1. Samuel 8,10ff). Er fragt: „Hat Gott selbst den Menschen das Königthum an- oder abgerathen?" Seine Antwort, in der er den biblischen Text in einer freien Übersetzung zitiert und durchnumeriert: „Gott hat das Königthum auf das Bestimmteste verworfen. denn als die Juden nach Art der Heiden einen König haben wollten, da ließ Gott durch den Propheten Samuel den Juden zur Warnung sagen:

‚Dies wird des Königs Recht sein, der über euch herrschen wird:

1) Eure Söhne, die Euch doch unterstützen sollten, wird er nehmen zu Wagen und Reitern, die vor seinen Wagen hertraben;

2) er wird sie nehmen zu 50, zu 100, zu 1.000 und wird Hauptleute über sie setzen, die werden sie kujoniren;

3) er wird sie nehmen zu Ackerleuten, die ihm seinen Acker bebauen;

4) er wird sie nehmen zu Schnittern in seiner Ernte;

5) er wird sie nehmen, damit sie machen seine Harnische, Streitwagen und was dazu gehört;

6) er wird nehmen Eure feinsten Töchter, daß sie seine Kebsweiber seien;

7) er wird nehmen Eure besten Äcker und Weinberge;

8) er wird nehmen Eure Obstgärten und sie seinen Höflingen geben;

9) er wird nehmen schwere Steuer von Eurer Saat und Euren Weinbergen und wird es seinen Räthen geben;

10) er wird nehmen Eure Knechte und Mägde;

11) er wird nehmen Euer Vieh und seine Geschäfte damit machen;

12) er wird nehmen Steuer von Euren Herden und von Allem, was Euer ist, und ihr müßt Seine Knechte sein.

Wenn Ihr dann schreien werdet zu seiner Zeit über Euern König, den Ihr Euch gewählt habt, dann wird Euch der Herr zu derselben Zeit nicht erhören, weil Ihr seiner Stimme nicht gehorcht habt.'"

Esser wendet sich dann dem zweiten Gebot zu, bezieht „Abgötterei" auf die Verehrung des preußischen Königtums „von Gottes Gnaden" und mahnt: „Nicht bloß die Juden haben um das Goldkalb getanzt. Nicht bloß Griechen und Römer haben ihren Götterbildern in geheuchelter Demut Weihrauch gestreut. Nicht bloß die alten Deutschen haben in heiligen Hainen Menschenopfer geschlachtet. (...) Deutsche Männer, Söhne freier Väter, kennt Ihr einen Götzendienst, der heilloser schimpflicher, verderblicher gewesen wäre als der Götzendienst, den wir mit unseren Königen, Fürsten und Fürsteleins getrieben haben? Denkt ein wenig nach und entschließt euch, ob Ihr fortfahren wollt, zu räuchern, zu wedeln, Opfer zu schlachten, Koth und Speichel zu lecken, ob Ihr fortfahren wollt, andere Götter zu haben neben Gott?" Essers Ausführungen machen deutlich, daß Gottschalk mit seinem Rekurs auf jüdisch-christliche Befreiungstraditionen im Kölner Arbeiter-Verein nicht alleinsteht. Nicht die Religion als solche, sondern die religiösen Verfechter einer „Thron und Altar"-Ideologie stehen im Mittelpunkt der Kritik.

Das Ende des Freiheitskampfes

Im Mai 1849 beginnt in Deutschland der bewaffnete Aufstand. Angesichts zunehmender preußischer Repressionen und der schwächlichen Haltung der Frankfurter Parlamentsmehrheit eskalieren die Konflikte. Barrikadenkämpfe nehmen in Dresden ihren Anfang, scheitern aber mehr und mehr an der Übermacht des Militärs. Friedrich Wilhelm IV. erklärt das Mandat der preußischen Abgeordneten in der aus seiner Sicht unbotmäßigen Frankfurter Nationalverfassung für erloschen. In Elberfeld will die Landwehr deshalb die Reichsverfassung notfalls mit der Waffe in der Hand verteidigen. Militär rückt in der Stadt an, Barrikaden werden gebaut, die Honoratioren fliehen. Ein Gefängnis wird gestürmt. Bei den Kämpfen gibt es Tote auf beiden Seiten.

Der gescheiterte Aufstand in der Rheinprovinz

Der Aufstand weitet sich auf die umliegenden Orte aus, scheitert jedoch an der militärischen Übermacht der Staatsgewalt. Am 16. Mai wird über sämtliche Aufstandsgebiete der Belagerungszustand verhängt. In Köln hatte Stadtkommandant Oberst Engels schon vorher vom Polizeidirektor verlangt, Karl Marx auszuweisen, „da man von einem bloß geduldeten Fremden es sich doch nicht gestatten zu lassen braucht, dass er alles mit seinem Gift begeifere, da ohnehin inländisches Geschmeiß dies hin-

Elberfelder Barrikade (1849)

länglich thut." Nach einigem Hin und Her zwischen Kölner Regierung und Innenministerium hatte Marx den Befehl erhalten, wegen „Aufforderung zum Umsturz" und „schmählicher Verletzung des Gastrechts" Preußen innerhalb von 24 Stunden zu verlassen. Gegen die anderen Redakteure der Neuen Rheinischen Zeitung, unter ihnen seit kurzem auch Ferdinand Freiligrath, liegen ebenfalls Ausweisungs- oder Haftbefehle vor. Das Blatt ist am Ende. Am 18. Mai erscheint die letzte Nummer im roten Druck. Das Redaktionskomitee dankt den Kölner Arbeitern für die Zusammenarbeit und warnt sie vor vergeblichen Putschversuchen. Von der „roten Nummer" der Neuen Rheinischen Zeitung werden in den kommenden Wochen 20.000 Exemplare verkauft. Manche wechseln zum zehnfachen Preis den Besitzer.

Andreas Gottschalk pflegt und versorgt in diesen Wochen seine todkranke Schwester Rebekka, die Ende Mai stirbt. Jetzt erklärt er sich nach offensichtlichem Verzicht auf eine Universitätslaufbahn schließlich bereit, den Vorsitz im Kölner „Verein zur Erlangung von Freiheit und Wohlstand für alle" zu übernehmen.

Das letzte Gefecht

Nach Niederschlagung des Mai-Aufstands in der preußischen Rheinprovinz begeben sich viele Demokraten zur Unterstützung der in Süddeutschland kämpfenden Freischärler in die Pfalz, unter ihnen auch führende Mitglieder des Kölner Arbeiter-Vereins. Fritz Anneke und die Bonner Gottfried Kinkel und Carl Schurz unterstützen die Bildung von Revolutionstruppen in Kaiserslautern. Doch gegen vier preußische Invasionsarmeen kann die kriegsunerfahrene Pfalz nur rund 13.000 teilweise schlecht bewaffnete Freiheitskämpfer aufbieten. Zwar erringt das aus Besançon angerückte „Freicorps Willich" gegen eine preußische Übermacht bei Neustadt an der Weinstraße anfänglich sogar noch einen Erfolg, doch nach der feindlichen Eroberung von Kaiserslautern, Ludwigshafen und Landau ist die Pfalz besiegt. Das Kampfgeschehen verlagert sich nun ganz nach Baden.

Zwischen dem 15. und 18. Juni 1849 entbrennen in der Umgebung von Mannheim und Heidelberg erbitterte Gefechte, in denen die Revolutionstruppen ihre Verteidigungslinie am Neckar zunächst behaupten können. Doch nach strategischen Fehlern anderer kann Kommandant August von Willich mit seinen rund 700 Kämpfern, unter ihnen auch Kinkel, den feindlichen Vormarsch nicht mehr stoppen. Auch Franz Raveaux, der aufgrund seiner früheren Erfahrungen im Spanienkrieg als Militärstratege um Erfolge bemüht ist, kann nichts Positives mehr ausrichten. Dem Oberkommandierenden Ludwig Mieroslawski gelingt es am 20. Juni gleichfalls nicht, eine Schlacht bei Waghäusel zu seinen Gunsten zu entscheiden. Hier fällt Johann Joseph Jansen, einer der Aktivsten im Kölner Arbeiterverein und jetzt Adjutant August Bernigaus, in die Hände der Preußen, die ihn schwer mißhandeln und nach Heidelberg schleppen.

In Eilmärschen ziehen die unterlegenen Revolutionstruppen auf die Festung Rastatt zu, um die Kampflinie an der Murg zu erreichen. Eine drohende preußische Umzingelung bei Ubstadt wird durch einen erfolgreichen Artillerie-Angriff vermieden. Kommandeur ist hier Fritz Anneke. In Ubstadt hat Mathilde Anneke, die ihren Mann als couragierte Ordonnanz-Offizierin begleitet, eine seltsame Begegnung. Eine Gruppe von Frauen, so erzählt sie in ihren „Memoiren einer Frau aus dem badisch-pfälzischen Feldzuge", klopft an die Tür ihres Quartiers. Eine ehrwürdige Matrone ergreift ihre Hand. „Wir sind gekommen", sagt sie, „die Tochter Robert Blums zu sehen. Wir haben gehört, daß die mit in den Krieg für unsere Freiheit gezogen sei und daß Sie es wären." Mathilde Anneke erwidert tief berührt: „Meine lieben Frauen! Die Tochter Robert Blums bin ich nicht. Wohl aber komme ich aus der Stadt, in welcher dieser edle Mann als armer Knabe geboren ist und in der auch seine alte Mutter noch lebt."

Die Revolutionstruppen müssen sich schließlich in die Festungsstadt Rastatt zurückziehen, vor deren Toren es Ende Juni zur Entscheidungsschlacht kommt. Mathilde Anneke erlebt vom Festungswall aus das mörderische Schauspiel, „die Flammen, gespieen aus tausend Feuerschlünden, den rollenden Kanonendonner, den die Berge in vielfachem Echo zurückgeben". Bald geraten die Freiheitskämpfer in die Defensive. Fritz Anneke, der die Artillerie befehligt, schickt Schurz in die Festung, um Munitionsnachschub zu organisieren, doch der Feind verhindert den Rückweg. An der Murg fällt Joseph Moll, der Freund von Marx und Engels und zeitweilige Präsident des Kölner Arbeitervereins. Er war nach den Septemberereignissen des Jahres 1848 nach London geflüchtet, hatte von dort aus eine Reihe gefährlicher Agitationsreisen unternommen und war schließlich mit der Besançoner Arbeiterkompanie des Willichschen Korps unverwundet bis an die Murg gelangt, bevor ihn die tödliche Kugel in den Kopf traf.

Die Rache der Sieger

Die rund 5.600 verbliebenen Freiheitskämpfer haben gegenüber einer fast zehnfachen Übermacht keine Chance. Einigen gelingt die Flucht aus Rastatt – Schurz durch einen Abwässerkanal, Mathilde und Fritz Anneke durch ein noch offenes Stadttor. In der Schweiz treffen sie mit Willich zusammen.

Nach der Kapitulation auf Gnade oder Ungnade treten Ende Juli Standgerichte in Aktion. Da die Sieger nicht Tausende erschießen können, werden Exempel statuiert, so am Rastatter Kommandanten Gustav Tiedemann, am preußischen Unteroffizier Maximilian Dortu, am Kriegsminister der provisorischen Regierung Ernst Elsenhans, an Oberleutnant August Bernigau. In Mannheim werden Adolf von Trützschler und Valentin Streuber erschossen, obwohl der eine nur als Zivil-kommissar tätig und der andere lediglich als Oberbürgermeister vorgeschlagen worden war. Jansen wird von einem preußischen Kriegsgericht zum Tode verurteilt, sein Gnadengesuch vom König abgelehnt. In diesen Wochen müssen 49 Unteroffiziere und Soldaten und zwei Offiziere ihr Leben lassen. Gottfried Kinkel entgeht dem Todesurteil und wird zu lebenslangem Zuchthaus begnadigt.

Auch das vom linken Flügel der Frankfurter Nationalversammlung gebildete „Rumpfparlament" ist am Ende. Im Juni wurde es von württembergischen Soldaten aus Stuttgart vertrieben.

Reichsregent Franz Raveaux resümiert nach seiner Flucht in die Schweiz in einem Erinnerungsbericht das deprimierende Ende der „Reichsverfassungskampagne" und geißelt die Justiz der Sieger: „Diese Richter haben durch Tod und Gefängnis Elend, Kummer und Verzweiflung in tausend Familien gebracht, und sie begnügten sich nicht mit dem Erschießen Einzelner, mit dem Einkerkern von Männern aller Klassen der Bevölkerung, sie gingen noch einen Schritt weiter, indem sie denjenigen, welchen sie die persönliche Freiheit gelassen, ihre Gesinnungen, politischen Meinungen, ja sogar ihre volksthümlichen Trachten mit Stockhieben zu vertreiben suchten." Und das alles, fügt er hinzu, „durch die Armeen christlich germanischer Herrscher".

Die Sprengung der Nationalversammlung in Stuttgart (1849)

Friedrich Engels, der als Willichs Adjutant mit in den Kampf gezogen war, bemerkt später selbstkritisch in einem Beitrag für die „New York Tribune": „Die Streitkräfte haben den Vorteil der Organisation, Disziplin und herkömmlichen Autorität ganz auf ihrer Seite; kann man nicht große Gegenmächte dagegen aufbringen, so wird man geschlagen und vernichtet." Johann Joseph Jansen, der infolge einer frühen Lähmung des rechten Arms im Grunde kampfuntauglich gewesen war, hatte schon in Besançon nach seiner Hochzeit – wie in Vorahnung seines Todes – ein Gedicht verfaßt, das nun für ihn und die vielen anderen Opfer des Feldzuges zum Nachruf wird:

Wer gläubig nach dem Wohl der Menschheit strebt,
Mag der im sicheren Kampfe auch erliegen:
Er stirbt hier nicht, so lang die Wahrheit lebt.
Er wird in allen künft'gen Zeiten siegen!

Vernichtung ist ein leer' unsinnig Wort,
Nur Leben hat der Weltgeist rings geboten:
Wir dauern auch in unsern Gräbern fort,
Es gibt im Reich der Schöpfung keine Toten!

Die tödliche Cholera

Nach den Niederlagen der letzten Monate und dem Verlust aktivster Mitglieder erlosch das ohnehin kränkelnde Leben des Kölner Arbeiter-Vereins. Die Zeitung „Freiheit, Arbeit" hatte bereits am 24. Juni ihr Erscheinen eingestellt. Angesichts verschärfter Pressegesetze resignierte auch die Zeitung „Freiheit, Brüderlichkeit, Arbeit" des geschwächten Vereins, der sich wenig später in einen „Arbeiter-Leseverein" umwandelt. Andreas Gottschalk widmet sich nun wieder verstärkt seiner ärztlichen Tätigkeit, die ihn mehr und mehr zu unentgeltlicher Behandlung der Obdachlosen und Armen drängt.

Gerechtigkeit für die Armen und ihre Kinder

Besonders bedrückt ihn das Schicksal der Kinder, deren Elend er schon im kalten Monat März in der Zeitung „Freiheit, Arbeit" mit leidenschaftlichen Worten beschrieben hatte: „In den gangbarsten Straßen unserer Stadt sind die Kinder, welche dort, und besonders abends Almosen erflehen, eine gewöhnliche Erscheinung. In Lumpen gehüllt und meistens ohne Strumpf und Schuh, vermag die rauheste Witterung, vermögen Regen und Schnee nicht, daß diese Kinder vor 10 Uhr die Straßen verlassen; natürlich, es ist ja der Hunger, der diese unglücklichen Wesen aus ihren Hütten auf die Straße treibt und nicht Muthwille oder Verstellung, wie so Mancher, der die Noth noch nicht kennen gelernt, zu sagen sich nicht schämt. Wir waren schon oft Zeuge, daß solche Kinder, vor Hunger und Kälte erstarrt, noch ganz spät abends vor der Thüre eines Reichen lagen. Jeden menschlich Fühlenden muß bei dem Anblick dieser Scenen das Gefühl der sittlichsten Entrüstung anwandeln, und unwillkürlich muß sich hier die Frage aufwerfen: Leben wir in einer Gesellschaft von Menschen oder von wilden Thieren?"

Gottschalk beklagt, daß weder die Armenverwaltung noch die Feste feiernden Kölner Besitzbürger zu wirklicher Hilfe bereit sind: „Aber nein, unsere Reichen sind den Armen gegenüber noch nie so hartherzig gewesen, als sie es heute sind. Wenn auch von einigen mitleidigen Menschen den Kindern einige Pfennig gespendet werden, so reichen sie doch nicht aus, und die armen Kleinen sind gezwungen, morgen den Platz auf der Straße wieder einzunehmen, den sie heute verlassen haben, um von Neuem Almosen zu erflehen." Hier müsse der Staat eingreifen und dauerhaft helfen, fordert Gottschalk. Das setze über Fürsorge hinaus eine bessere und kostenlose Erziehung voraus, die nicht auf schlecht ausgerüstete Armenschulen abgewälzt werden könne. Der unerträgliche Zustand müsse beendet werden, daß sich der Arme „schon in seiner zartesten Jugend als einen aus der Gesellschaft ausgestoßenen Menschen betrachten lernt".

Seit seinem ersten öffentlichen Auftraten am 3. März 1848 hat sich Gottschalk immer wieder leidenschaftlich für bessere und kostenlose Schulbildung eingesetzt und die Gleichgültigkeit der „besseren" Gesellschaft angesichts des Kinderelends angeprangert. Noch unerträglicher wird dieser Zustand nun durch die Cholera.

Der Beginn der Seuche

Schon in den dreißiger Jahren hatte die Cholera europaweit gewütet. In Frankreich erlebte Heinrich Heine ihre Auswirkungen aus nächster Nähe: „Eine Totenstille herrscht in ganz Paris", schrieb er im April 1832 in einem Beitrag für die Augsburger „Allgemeine Zeitung". „Ein steinerner Ernst liegt auf allen Gesichtern. Mehrere Abende lang sah man sogar auf den Boulevards wenig Menschen,

141

und diese eilten schnell vorüber, die Hand oder ein Tuch vor dem Munde. Die Theater sind wie ausgestorben." Heine nannte die Epidemie einen „verlarvten", mit einer „unsichtbaren Guillotine" durch die Stadt ziehenden Henker. Die Redensart „in den Sack stecken" habe wörtliche Bedeutung gewonnen. „Es fehlte bald an Särgen, und der größte Teil der Toten wurde in Säcken beerdigt."

In Köln hatte die Cholera, anders als in Aachen, 1832 kein einheimisches Opfer gefordert, aber das ändert sich nun 1849 in furchtbarem Ausmaß. Nach einem Besuch in Brüssel erkrankt ein aus Grenoble stammender Handschuhmacher am 25. Juni an ihr und stirbt einen Tag später nach heftigem Erbrechen und Durchfall. Eine Woche lang wird kein weiterer Fall registriert. Doch dann meldet ein Armenarzt neue Tote: ein 22 Monates altes und ein vierjähriges Mädchen, drei Tagelöhner, einen Steinhauer und nachfolgend 18 weitere Personen. Sie alle wohnten „Unter Krahnenbäumen" oder in angrenzenden Straßen. Stadtphysikus Dr. Canetta stellt entgegen hartnäckig sich verbreitenden Gerüchten fest, eine Verbindung zum ersterkrankten, in der Sternengasse wohnenden Handschuhmacher könne weder nachgewiesen oder auch nur vermutet werden. Weder in dessen Familie noch räumlicher Umgebung kam es zu weiteren Erkrankungen. Und die jetzt Toten und zahlreiche weitere Kranke hatten Köln zuvor noch nie oder doch seit langer Zeit nicht verlassen. Diese Cholerafälle müßten sich deshalb in Köln selbst entwickelt haben.

Die Hamburger Zeitschrift „Jahreszeiten" vermerkt am 18. Juli kritisch, die Krankheit habe „in einer kurzen Proletarierstraße" – gemeint ist wohl „Unter Krahnenbäumen" – begonnen. „Vom Absperren der bezeichneten Straße ist nicht die Rede", so die Zeitschrift. „Wir hörten einen Geistlichen sich über diesen Punkt äußern, daß man sich erst dann recht rühren werde, wenn die Krankheit in das Revier eines Stadtraths gelange oder sich den Palästen der Reichen nähere."

Ende Juli springt die Krankheit plötzlich auf die Achterstraße im südlichen Teil der Stadt über. Dr. Canetta geht der Ursache nach: „Es war nämlich in dieser Straße in dem Hause Nr. 57 ein gewisser Cherron, welcher mit der Desinfection der Wohnungen der genesenen oder gestorbenen Cholerakranken beauftragt war, und welcher sich den ganzen Tag über Unter Krahnenbäumen aufhielt, am 18. Juli morgens an der Cholera erkrankt, gleich ins Spital gebracht worden und dort nach wenigen Stunden gestorben." In der Achterstraße kommt es zu 21 Erkrankungen, acht davon mit tödlichem Ausgang.

Dr. F. Heimann, Arzt im Bürgerhospital, wird mit der Seuche hautnah konfrontiert, bleibt jedoch von ihr verschont. Sorgfältig sammelt er Material für eine dokumentarische Veröffentlichung, die ein Jahr später in der Dumont-Schauberg'schen Buchhandlung erscheinen wird. „Bald nach dem Auftreten der ersten Cholerafälle", so Heimann, „trat die aus Mitgliedern der städtischen Behörden etc. und, als ärztlichen Mitgliedern, den Herren Stadtphysicus Dr. Canetta und Dr. Stucke zusammengesetzte Sanitäts-Commission ins Leben." Sie beschloß, vom 12. Juli an sämtliche Kranken, deren Behandlung in ihren Wohnungen „unausführbar oder wegen anderer Rücksichten unzweckmäßig erschien", der Cholera-Abteilung im Bürgerhospital zuzuweisen. Das in der Nähe des Neumarkts gelegene Bürgerhospital ist Kölns einziges Krankenhaus und mit 75 Krankensälen und 711 Betten zugleich die wichtigste von der Armenverwaltung unterhaltene Einrichtung der geschlossenen Armenpflege. Für die medizinische Betreuung der Kranken sind zwei Ärzte und ein Wundgehilfe angestellt. Als Krankenschwestern arbeiten Nonnen zweier von der Säkularisierung verschont gebliebener Klöster. Das übrige Personal besteht aus einem Geistlichen, einem Ökonom und etwa einem Dutzend „Knechten und Mägden".

Die Hilflosigkeit der Ärzte

Alle Kölner Ärzte – insgesamt 91, unter ihnen auch Gottschalk – werden aufgefordert, sich der Kranken anzunehmen. Doch im Blick auf die Ursachen des Übels tappt man noch im Dunkeln. Erst 1883 wird Robert Koch das Choleravibrion entdecken und damit gezielte Therapien ermöglichen. Jetzt gehen die meisten Mediziner noch von einem Miasma aus, einem Ansteckungsstoff, der außerhalb eines Tier- oder Menschenkörpers entsteht; von Ausdünstungen organischer Fäulnis- und Gärungsprozesse, die aus stehenden Gewässern oder Sümpfen, Kadavern, Exkrementen und Leichen entstehen. Ein solches Miasma werde nicht von Mensch zu Mensch übertragen, sondern verbreite sich über einen siechhaften Ort. Für die Anhänger der Ansteckungstheorie, „Kontagionisten" genannt, ist dagegen ein Stoff im menschlichen Körper für die Krankheit verantwortlich, der durch menschliche Ausscheidungen und durch infizierte Kleidung und Gegenstände aller Art weiter verbreitet werde. Doch da für beide Theorien überzeugende Beweise fehlen, gehen viele Ärzte pragmatisch vor und orientieren sich an positiven therapeutischen Erfahrungen.

Kölner Ärzte, aber auch Quacksalber aller Art preisen den verängstigten und verzweifelten Menschen Heil- und Wundermittel an, die angeblich in Frankreich und Belgien erfolgreich gewirkt haben. In den Zeitungen häufen sich entsprechende Annoncen. „Cholerabitter", Räucherwaren, Leibbinden und elektrische Ketten und Kupferplatten sollen helfen. Auch Andreas Gottschalk bestätigt einem Geschäft, das „Cholerabitter-Extract" verkauft und ihm die Ingredienzien mitgeteilt hat, es verdiene „neben allen andern bestens empfohlen zu werden". Weil klare Erkenntnisse über die Ursachen der Seuche nicht vorliegen, werden ärztlicherseits hin und wieder auch harmlose Brechdurchfälle oder sogar Kopfschmerzen hier eingeordnet. Das führt gelegentlich zu grotesken Situationen. Bei einem an Hirnhautentzündung erkrankten Mann, der an brennenden Kopfschmerzen leidet, wird Cholera diagnostiziert. Der Patient, der davon ganz und gar nicht überzeugt ist, simuliert vor Wut seinen eigenen Tod, springt schließlich laut lachend aus dem Sarg und verlangt Sauerkraut und Schinken. In einem Gedicht mit der Überschrift „Nützliches – Präservativ gegen die Cholera" spottet man über derlei Fehldiagnosen. Man solle besonnen leben, keine Zeitung lesen und abends ein Glas Wacholder trinken. Das sei das Beste:

So lang du wirst dies Leben treiben,
So lang wirst auch verschont du bleiben.
Ohn' Medicus und Medika-
ment von der morbus Cholera.

Im August sind Kölner Ärzte nahezu rund um die Uhr im Einsatz und nicht mehr in der Lage, alle Patienten zu versorgen. Man erwägt auswärtige Hilfe. Diesem Vorschlag wird entgegengehalten, manche Mediziner verweigerten den Kranken die Behandlung aus Angst vor Ansteckung. Zudem könnten von außen herbeigeholte unerfahrene Ärzte die Patienten zusätzlich gefährden. Auch die hygienischen Zustände in der Stadt rufen öffentliche Kritik hervor. Man bemängelt das Herumliegen von Tierkadavern auf den Straßen. Gründlichere Straßenreinigung und Abfallentsorgung werden zwar polizeilich angeordnet, aber nicht konsequent durchgeführt.

Während viele Wohlhabende sich der Seuche durch die Flucht entziehen können, versuchen Zurückbleibende, sie durch Unterstützung der Kranken einzudämmen. Einige engagieren sich in karitativen Vereinen, andere spenden Sachwerte oder Geld, damit die in ihrem Immunsystem ohnehin geschwächten Armen gestärkt werden können. Doch in den folgenden Wochen wird deutlich: Etwa die Hälfte der Erkrankten stirbt, ganz gleich, ob sie zuvor ärztlich behandelt worden waren oder nicht.

Noch ahnt man nicht, daß es bis zum November 13.000 Todesopfer geben wird. Auch in den Wohnbezirken der Reichen sterben fast die Hälfte der Erkrankten nach schrecklichen Brechdurchfällen. Apokalyptische Ängste werden wach. Doch Andreas Gottschalk – so vermerken die „Jahreszeiten" – „eilte Tag und Nacht in jene elenden Hütten, wo der Bettler mit der Pest rang". Am 16. August schreibt er an Moses Hess, die Krankheit lasse nach; doch drei Wochen später: „Die Cholera macht noch immer Ravagen – und nicht bloss unter Proletariern." Auch seine Schwägerin sei daran gestorben – ganz offensichtlich Marianne geb. Ernst, die Frau seines Bruders Salomon Theodor. Dann fügt er noch hinzu: „Sonst gibt es hier nichts als Langeweile."

Nach wochenlangem unermüdlichem Einsatz wird Andreas Gottschalk selbst Opfer der Epidemie. Nur einen Tag liegt er krank danieder, dann stirbt er am Vormittag des 8. September 1849 zwischen neun und elf Uhr.

Die Ehrung des Toten

Gottschalks Begräbnis ist für den 9. September vorgesehen. Die näheren Umstände werden wenig später in einem in Köln erschienenen Nekrolog festgehalten: „Andenken an Dr. Andreas Gottschalk, Lebenslauf, Leichenfeier, und die am Grabe gehaltenen Reden nebst einem Bildnisse. Veranstaltet von Heinrich Hölscher." Darin heißt es: „Pastor Engels wollte den Toten schon um 1/2 6 morgens zum Kirchhof bringen lassen. Da aber in Cholerazeiten Niemand vor dem Frühstück ausgehen soll und demnach die Freunde und Bekannten schon um 5 Uhr oder noch früher (...) aufstehen mußten, wenn sie den geliebten Mann zur letzten Ruhestätte begleiten wollten; da ferner unsere Ärzte die nasse, thauige Frühluft für sehr gefährlich halten, wenn die böse Seuche regiert, weil sie so gar leicht die Ursache von Erkältungen ist – so war es klar, daß man den verschiedenen Menschenfreund einsam in das stille Grab legen wollte."

Gottschalks Freunde können die Genehmigung für den Leichenzug nach einigem Hin und Her für halb fünf nachmittags erwirken. Pfarrer Engels aber, „der seinen Willen nicht durchgeführt sah, blieb aus lächerlicher Bosheit zu Hause". So urteilt Hölscher, der einzige Chronist dieses Ereignisses, und erzählt weiter: „Schon um 4 Uhr wogte eine unzählige Menschenmasse in der Umgegend des Sterbehauses, um 1/2 5 waren alle nahen Straßen gedrängt voll von Leidensgenossen, die dem Toten die letzte Ehre erweisen wollten. Man strömte haufenweise zum Paradebette des Volksmannes, und es schien, als ob man aller Furcht vor Ansteckung spottete, die bei Cholera-Leichen bekannterweise stattfinden soll. Langsam und feierlich bewegte sich der endlose Zug durch die Straßen. An allen Ecken standen Weiber und Kinder und Geschäftsleute in großen Gruppen um zu schauen, wie Dr. Gottschalk begraben werde. Keine Wagen folgten dem Sarge, oder doch nur einer, aber ernste Männer schritten hinterher. Proletarier mit braunen Gesichtern, struppigen Haaren und finster zusammengezogenen Augenbrauen. Deren Trauer sah aus wie Grimm und Mißmuth, es schien, als wollten sie dem Herrgott zürnen, der da ihren treusten, uneigennützigsten Freunde weggenommen hatte. Und feine Herren gingen auch im Leichenzuge, ja sogar sehr, sehr viele.

Man langte auf dem Kirchhof an. Mitten in einem weiten Felde, wo die armen Leute bestattet werden, da hatte man sein Grab gemacht, mitten unter jenem Arbeitsvolke, für das er gelebt und mit dem er gelitten. Oben am Kopfende des Grabes stellte sich der Fahnenträger des Arbeiter-Vereins, und sein mit Flor umwundenes Banner war der Mittelpunkt einer unübersehbaren Volksmenge, die das Grab umstand. Erst jetzt vermißte man den Geistlichen, aber damit dem Toten nichts abgehe, nahm ein Arbeiter die Schaufel in die schwieligen Hände und warf mit Herzlichkeit und Ernst etwas Erde auf den hinabgesenkten Sarg. Da brach es

los. Etwa 12 Männer standen am Rande der Gruft, die Thränen flossen, sie weinten bitterlich.

Nunmehr sprach Bürger F. Carstens: ‚Mitbürger, Freunde! Wiederum stehen
wir am Grabe eines unserer besten Männer – ein Arzt für den Körper wie für den
Geist ist von uns geschieden, ein Opfer seiner Hingebung, seiner Liebe für die lei-
denden Mitbürger. Wie er als praktischer Arzt gewirkt, wird er in steter Erinnerung der ganzen Stadt Köln leben; wie er als politischer Arzt wirkte, wird unaus-
löschlich in den Herzen aller denkenden Menschen, aller Freunde der Freiheit
eingegraben bleiben, besonders aller, welche mit Stolz den Namen Proletarier
führen. Möchten alle dem Beispiele unseres geschiedenen Bruders folgen, dann
wäre endlich das Reich Gottes auf Erden entstanden: allgemeine Freiheit, Gleichheit, Brüderlichkeit! (...) Seine Lehre steht fest wie ein Felsen, und weder die
Pforten der Hölle noch die Klauen des Standrechts werden sie zu erschüttern vermögen.' Die Rede war verhallt, ein dumpfes Bravo lief durch die Kreise, man hatte
mitgefühlt und wollte sich entfernen."

Nun spricht der Verfasser des Nekrologs von sich selbst: „Da trat Bürger H.
Hölscher vor und sprach tief erschüttert und mit gemessenem Pathos: ‚Leidensgenossen, Brüder, die ihr in stummem, heftigem Schmerze dieses offene Grab
umsteht; der da todt, er war mein Freund, so zusagen erst seit gestern, und heute
stehe ich am Grabe meiner jungen, freudigen Hoffnungen, heute schon beklage
ich den Verlust des Mannes, der mir in kurzer Zeit so lieb, so theuer geworden
war. (...) Schrecklich gestorben – blau der lebensfrische Körper – blutig unterlau-
fen das klare Auge – krampfentstellt das edle Gesicht.'

Feierlich war die Stille, als Hölscher endete, nur hie und da unterbrochen von
laut werdendem Schluchzen. Man hatte den Pfaff wahrhaftig nicht nöthig gehabt
und der Todte war ganz nach seinen Grundsätzen ohne ihn bestattet, feierlich
rührend bestattet worden. Indessen fehlte noch ein frommer Spruch, und so trat
Bürger Hirschbach vor mit den Worten: ‚Ob Jude oder Christ oder Heide, vor
Ihm, dem Gott Aller, sind wir gleich. Wir haben einen Bruder verloren und ins
Grab gesenkt, deshalb bete jeder nach seinem Brauch zum Weltenschöpfer, daß
wir Kraft erhalten, dem Todten nachzufolgen und ihm gleich zu werden. Bete
jeder nach seinem Brauch zu seinem ewigen Vater, daß die Seele des Todten ruhe
in Frieden.' Nach und nach zerstreuten sich die Menschen. Einige irrten noch auf
dem Friedhofe umher und weinten wie die Kinder. Andere hatten eine gefaßtere
Trauer und gelobten gleich am Grabe, ihm ein Denkmal aufzubauen."

Einige Tage nach dem Begräbnis kursiert ein anonymes Gedicht in Köln, das
die Gefühle der Trauernden widerspiegelt:

Achzehnhundert neun und vierzig, wo so viele Herzen bluten,
Wo die einigen Monarchen alle freien Völker knuten,
Wo die Edelsten verröchelt auf den blutbespritzten Straßen,
Wo durch Cholera und Standrecht stolze Menschen uns erblassen;

Da, am achten des September ist in Köln ein Mann gestorben,
Der beim schlichten Proletarier den Namen Freund erworben,
Der den armen Kranken heilte durch sein tief ergründet Wissen,
Der die Medizin ihm zahlte, der sich selbst den Schlaf entrissen,
Der der Freiheit leuchtend Banner muthig uns voran getragen,
Den zum Lohne man in Kerker und in Banden hat geschlagen,
Der trotz Unbill und trotz Undank nimmermehr vom Recht gewichen,
Dieser ist es, traure, traure, dieser ist erblichen! –

Doktor Gottschalk hat geheißen, der den Lebenslauf geendet,
Der in ewigen Gefahren sich für fremdes Glück verwendet.
Sieh die riesengroße Menge, die den Leichenzug begleitet,
Wie sie stumm und schmerzerschüttert hinter jenem Sarge schreitet. –

Senkt die Lade in die Erde! Ist der Pfaff zu Haus geblieben?
Ja, er wollte das Begräbnis nicht auf diese Stund verschieben.
Aber jene lichten Thränen auf den braunen ernsten Wangen
Sind ein bess'rer Pfaffensegen – schau sie rings im Kreise prangen. (…)
Also hat man ihn begraben, der des Volkes Freund gewesen.
Doch was ist den stillen Gruppen dort im ernsten Blick zu lesen?
Sie geloben, eigenhändig ihm ein Denkmal aufzubauen,
Und sie sammeln ihre Groschen, bald schon könnt ihr's fertig schauen.

Das zuletzt Gesagte geschieht bald darauf: Die trauernden Arbeiter setzen einen Gedenkstein mit Worten der Ermutigung auf Gottschalks Grab: „Eins ist nötig: Daß das Gute stets geschehe. Ob man falle oder stehe, Ist und bleibt dann einerlei."

Georg Herwegh, der im Juli wegen drohender Ausweisung von Paris nach Genf ausgewichen ist, schreibt eine Woche nach dem Tod des Freundes an seine Frau: „Sein Tod hat mir bittere Thränen gekostet. Er war einer der edelsten und energischsten Naturen, denen ich begegnet." Emma Emilie Bunteschuh, Gottschalks Weggenossin aus der Zeit des sozialistischen „Kränzchens", drückt ihre Wertschätzung in einem Gedicht aus:

Gottschalks 1999 restauriertes Grab

Wer hätt' gedacht, daß ich so bald
Ein Todtenlied Ihm würde singen,
Um ihm an frischbekränzter Gruft
Ein Thränenopfer darzubringen. (…)

Er hat sich unsere Parthei
Zu tausendfachem Dank verpflichtet,
Und tief in unserm Herzen ein
Unsterblich Denkmal sich errichtet.

Doch auch ein steinern Denkmal wird
Ob's uns're Thränen auch begießen –
Gar wohl gehegt und wohl gepflegt
Des früh Entschlaf'nen Gruft entsprießen.

Und sieh! Das kleine Pflänzchen wird
Dereinst zum Riesenbaume werden!
Und rothe Blüthenflocken streut
Es reichlich dann herab auf Erden.

Nachwirkungen

Heinrich Hölscher, der bei der Regierung in Köln als Katasterarbeiter und Feldmesser arbeitet, folgt dem Beispiel Gottschalks auf seine Weise: Er gibt im September im Selbstverlag eine Schrift mit dem Titel „Kommunismus" heraus und wird daraufhin wegen „regierungsfeindlicher Ideen" entlassen. Der von ihm zitierte „Bürger F. Carstens" heißt in Wahrheit Friedrich Leßner. Der sächsische Schneider war 1846 in Hamburg Sozialist geworden, war dort dem Militärdienst ausgewichen, in England dem Bund der Kommunisten und im August 1848 in Köln als „F. Carstens" dem Arbeiter-Verein beigetreten.

Viele Wortführer der demokratischen Bewegung waren schon in den dreißiger Jahren und erst recht nach der gescheiterten Revolution vor Strafverfolgung geflohen oder freiwillig ins Exil gegangen. Dadurch wurde der sich ohnehin aufdrängende Wunsch nach einem Bündnis auf europäischer Grundlage verstärkt, den Marx und Engels im Kommunistischen Manifest zur Parole gemacht hatten: „Proletarier aller Länder, vereinigt euch!" Doch dieses Ziel liegt noch in weiter Ferne.

Der „Kölner Kommunistenprozeß"

In der Londoner Zentralbehörde des ohnehin geschwächten Bundes der Kommunisten kommt es 1849 sehr rasch zu Spannungen. Die Majorität um Marx beschließt, die Zentrale nach Köln zu verlegen. Nach Kinkels sensationeller Flucht scheitert der soeben einem Attentat entkommene Preußenkönig bei dem Versuch, die nach England entkommenen „Aufrührer und Kommunisten" Kinkel, Schurz, Marx und Freiligrath hinter Schloß und Riegel zu bringen. In Köln jedoch werden elf „Verschwörer" verhaftet, mehrheitlich Mitglieder des Kommunistenbundes. Nach sechsmonatigen Voruntersuchungen ohne hinreichende Anklagegründe wird Beweismaterial konstruiert und im April 1852 endlich der Prozeß eröffnet, den Gottschalk nicht mehr miterleben muß. Ähnlich wie zuvor er, Anneke und Esser werden die Angeklagten beschuldigt, „ein Komplott gestiftet zu haben, dessen Zweck war, die Staatsverfassung umzustürzen und die Bürger und Einwohner gegen die königliche Gewalt und gegeneinander zur Erregung eines Bürgerkrieges zu bewaffnen". Zwar entpuppt sich das durch Zeugenbestechung angereicherte Anklagematerial im Kern als plumpe Fälschung, doch dieses Mal verurteilen die Geschworenen – Adlige, Angehörige des Besitzbürgertums und Staatsbeamte – die meisten Angeklagten zu langjährigen Festungsstrafen, darunter Peter Gerhard Röser zu sechs, Hermann Heinrich Becker zu fünf und Friedrich Leßner zu drei Jahren. Röser, dessen Vater bei dem in der evangelischen Gemeinde aktiven Kölner Textilkaufmann Robert Peill gearbeitet hatte, wird von Peill mit Geldzuwendungen unterstützt – ein seltener, möglicherweise einmaliger Fall von überwundener Berührungsangst eines konservativen Kölner Protestanten in dieser Zeit.

Flüchtlingsschicksale

Viele „1848er" gehen, um Gefängnis oder Todesstrafe zu vermeiden, in den 1850er Jahren ins Exil – nach Amerika allein mehr als 720.000. Einige beteiligen sich später als Offiziere am Kampf der Nordstaaten gegen den sklavenhaltenden Süden, so auch Carl Schurz, Fritz Anneke und August von Willich. Schurz wird Senator und Innenminister, der glücklose Anneke stirbt nach einem Unfall, Willich wirbt erfolglos um Mittel für eine deutsche Revolution. Mathilde Franziska Anneke arbeitet publizistisch, gründet eine hochangesehene Mädchenschule in Milwaukee und wird eine gefeierte Vorkämpferin des Frauenwahlrechts.

Der in Köln einst so populäre Karnevalist, demokratische Abgeordnete und Reichsregent Franz Raveaux wird als Asylant aus der Schweiz gedrängt und als unerwünschter politischer Flüchtling aus Frankreich abgeschoben. In Köln zum Tode verurteilt stirbt er 1851 im belgischen Exil.

Dr. Karl D'Ester, ehemaliges Mitglied des Kommunistenbundes wie auch der preußischen Nationalversammlung, geht im Schweizer Exil seinem ärztlichen Beruf nach und erliegt 1859 den Strapazen seiner beruflichen Tätigkeit in einer armen Schweizer Gebirgsgegend. Nach dem Tod der politisch engagierten Komponistin Johanna Kinkel, die Ferdinand Freiligrath 1858 in London in einem großen Gedicht würdigt, wechselt Gottfried Kinkel nach Zürich und wird dort Professor für Kunstgeschichte.

Wirtschaftswachstum

Im Rheinland sorgte die preußisch dominierte Obrigkeit in der 2. Hälfte des 19. Jahrhunderts verstärkt für „Ruhe und Ordnung". Alle auch nur ansatzweise politischen Vereine wurden verboten, auch der Kölner Arbeiter-Leseverein und der Arbeiterbildungsverein. Hohe Wachstumsraten lenken von politischen und sozialen Problemen ab. Aktiengesellschaften blühen auf. Die mit ihrer Zuckerfabrik erfolgreiche protestantische Familie Langen beteiligt sich an industriellen Neugründungen, ebenso Gustav Mevissen, einstiger Förderer der „Rheinischen Zeitung" und zeitweilig Unterstaatsekretär im Berliner Handelsministerium. Er baut sein Eisenbahnimperium aus und wird Präsident der Handelskammer. Als Friedrich Wilhelm IV. im Herbst 1855 den Grundstein zur Eisenbahnbrücke legt, besucht er auch Mevissens Baumwollspinnerei. Im gleichen Jahr schließen sich die drei kapitalkräftigsten, von protestantischen Familien geführten Zucker-Unternehmen Joest, vom Rath und Carstanjen zu einer Einkaufs- und Vertriebsgesellschaft zusammen, mit der sie etwa drei Viertel des Zuckerbedarfs im Rheinland decken. Die Familie Joest vermehrt ihr Kapital zudem höchst erfolgreich in der Rheinischen Eisenbahngesellschaft, der Köln-Mindener Bahn, der Kölner Dampfschleppschiffahrts-Gesellschaft, und mittels Aktiengesellschaften auch im Kohlenbergbau. In allen diesen Gesellschaften nehmen die männlichen Familienmitglieder Führungspositionen wahr. 1856 gelingt Abraham Oppenheim gemeinsam mit Gustav Mevissen eine Bankgründung europäischen Stils: die Internationale Bank in Luxemburg. Dagobert Oppenheim schließt die Preußisch-Rheinische Dampfschiffahrts-Gesellschaft und die Düsseldorfer Dampfschiffahrts-Gesellschaft zu einer Betriebsgemeinschaft zusammen.

Der „Allgemeine Deutsche Arbeiterverein"

Die von Stephan Born gegründete „Arbeiterverbrüderung" war 1849 wie alle ähnlichen politischen Vereinigungen verboten worden, Born selbst fand in der Schweiz Asyl. Ferdinand Lassalle, Andreas Gottschalks ehemaliger Zellennachbar im Kölner „Klingelpütz", hatte dagegen 1854 nicht nur den Prozeß der Gräfin von Hatzfeld erfolgreich abgeschlossen, sondern auch allen anderen Anfeindungen Trotz bieten können. 1863 bittet ihn ein in Leipzig zusammengetretenes „Centralkomitee zur Berufung eines deutschen Arbeiterkongresses" um eine Stellungnahme, die zusammen mit dem Text seiner Agitationsrede zur theoretischen Grundlage des neuen „Allgemeinen Deutschen Arbeitervereins" (ADAV) wird. Georg Herwegh, Schweizer Bevollmächtigter des ADAV, wird von Lassalle gebeten, ein Lied für die Organisation zu verfassen. Er schreibt das Bundeslied des ADAV, dessen erste Verse sprichwörtlich werden: „Mann der Arbeit, aufgewacht! Und erkenne deine Macht! Alle Räder stehen still, wenn dein starker Arm es will." Das Lied wird sofort verboten, illegal auf Flugblättern verbreitet, immer wieder beschlagnahmt, aber überall im Land begeistert gesungen.

Mit dem „Allgemeinen Deutschen Arbeiterverein" ist ein politisches Teilziel erreicht, das auch Andreas Gottschalk erhofft hatte. Noch herrscht die preußische Monarchie übermächtig, und Reichskanzler Otto von Bismarck wird die Entwicklung hin zu einer sozialen Demokratie mit „Sozialistengesetzen" aufzuhalten versuchen. Doch die Vision einer gerechteren und demokratischen Gesellschaft, an der auch Gottschalk beharrlich festhielt, wird wachgehalten werden. In den Leiden und Kämpfen jener Zeit kam Energie zum Tragen, die auf eine umfassende Befreiung aller Menschen zielte. Diese Energie scheint oft zu versiegen. Erschöpft ist sie freilich auch heute noch nicht.

Chronologie

28. Feb. 1815	Andreas Gottschalk wird als fünftes Kind von Joseph Gottschalk und Sibilla, geb. Levinboch in Düsseldorf geboren.
1815	*Das Rheinland wird auf dem Wiener Kongreß dem preußischen König Friedrich Wilhelm III. zugesprochen.*
1825	Umzug der Familie Gottschalk nach Köln
1830	*Pariser Julirevolution*
Herbst 1834	Andreas Gottschalk beginnt das Medizinstudium in Bonn.
1837	*Moses Hess veröffentlicht „Die heilige Geschichte der Menschheit von einem Jünger Spinozas".*
1840	*Regierungsantritt Friedrich Wilhelms IV.*
1840	Andreas Gottschalk promoviert und wird auswärtiges Mitglied der „Gesellschaft für medizinische und Naturwissenschaften zu Brüssel".
1. Januar 1842	*Die „Rheinische Zeitung für Politik, Handel und Gewerbe" wird gegründet, aber 14 Monate später trotz vielfacher Proteste verboten.*
20. Dez. 1844	Andreas Gottschalk konvertiert vom Judentum zum Christentum und wird Glied der Evangelischen Gemeinde in Köln.
Herbst 1847	Zusammen mit Fritz und Mathilde Franziska Anneke u.a. gründet er ein sozialistisches „Kränzchen", eine Keimzelle des späteren Kölner Arbeiter-Vereins.

1848

Ende Februar	Geheime Zusammenkünfte des späteren Vorstands des Kölner Arbeiter-Vereins in einer Kölner Gastwirtschaft *Das „Kommunistische Manifest" von Karl Marx und Friedrich Engels wird in London gedruckt.*
3. März	Arbeiterdemonstration vor dem Kölner Rathausplatz. Andreas Gottschalk trägt dem Stadtrat die „Sechs Forderungen des Volkes" vor. Danach werden er, Fritz Anneke und August von Willich verhaftet, 17 Tage später jedoch freigelassen.
13. März	*Revolution in Wien*

18. März	*Barrikadenkämpfe in Berlin*
31. März	*Vorparlament in der Frankfurter Paulskirche*
13. April	Gründung des Kölner Arbeiter-Vereins. Andreas Gottschalk wird zu seinem Präsidenten gewählt.
23. April	Die erste Ausgabe der „Zeitung des Arbeiter-Vereins zu Köln" erscheint.
18. Mai	*Die Deutsche Nationalversammlung tritt in der Frankfurter Paulskirche zusammen.*
1. Juni	*Die erste Ausgabe der von Marx herausgegebenen „Neuen Rheinischen Zeitung" erscheint.*
14. Juni	Ferdinand Freiligrath trägt im mittlerweile über 5.000 Mitglieder starken Kölner Arbeiter-Verein sein Gedicht „Trotz alledem" vor.
14.-16. Juni	Andreas Gottschalk wird beim Demokratenkongreß in Frankfurt aktiv.
22.-26. Juni	*„Juni-Schlacht" in Paris. Massaker an kämpfenden und gefangenen Arbeitern unter Führung von General Cavaignac.*
3. Juli	Andreas Gottschalk, Fritz Anneke und Christian Joseph Esser werden in Köln verhaftet.
28. September	Militärischer Belagerungszustand in Köln. Die „Zeitung des Arbeiter-Vereins" und die „Neue Rheinische Zeitung" werden zeitweise von der Zensur verboten.
29. September	Joseph Moll, seit Gottschalks Inhaftierung Präsident des Arbeiter-Vereins, entzieht sich seiner Verhaftung durch Flucht. Danach übernimmt Peter Gerhard Röser provisorisch den Vereinsvorsitz.
10. Oktober	Das Kölner Geschworenen-Gericht erhebt Anklage gegen Gottschalk, Anneke und Esser wegen angeblicher Anreizung zum bewaffneten Aufstand.
22. Oktober	Karl Marx wird Präsident des Kölner Arbeiter-Vereins.
26. Oktober	Nach dem Verbot seiner bisherigen Zeitung gibt der Arbeiter-Verein ein gleichartiges Blatt mit dem Namen „Freiheit, Brüderlichkeit, Arbeit" heraus.
9. November	*Robert Blum, Abgesandter der Paulskirche, wird in der Brigittenau bei Wien standrechtlich erschossen.*
23. Dezember	Gottschalk, Anneke und Esser werden vom Kölner Geschworenengericht freigesprochen und nach sechsmonatiger Untersuchungshaft entlassen.

1849

Januar   Andreas Gottschalk reist nach Brüssel und Paris. Nach Spannungen im Arbeiter-Verein erscheint das von ihm beeinflußtes Konkurrenzblatt „Freiheit, Arbeit" bis zum Verbot aller demokratischen Zeitungen im Juli 1849.

16. April   Der Kölner Arbeiter-Verein schließt sich der von Stephan Born gegründeten „Allgemeinen Deutschen Arbeiterverbrüderung" an.

Mai   *Aufstandsbewegungen in der Pfalz und in Baden im Zuge der „Reichsverfassungskampagne"*

19. Mai   *Nach der Ausweisung von Karl Marx aus Köln erscheint die „Neue Rheinische Zeitung" zum letzten Mal.*

Juni   *Ausbruch der Cholera in Köln*

29. Juli   Der Kölner Arbeiter-Verein wandelt sich nach dem Verbot seiner Zeitungen zu einem „Arbeiter- und Leseverein".

8. September   Andreas Gottschalk stirbt nach rastlosem ärztlichen Einsatz bei Cholerakranken.

9. September   An Gottschalks Begräbnis auf dem Friedhof Melaten nehmen über 4.000 Menschen teil.

Personenregister

Literatur

Schriften von Andreas Gottschalk

Zur Operation des schiefen Halses, in: Organ für die gesammte Heilkunde 1,3; 1840/41, S. 421-428.

Bemerkungen zur Behandlung der Bleichsucht, Blasenlähmung und nervösem Hüftweh. Köln 1841.

Über einen eigenthümlichen durch Myotomie geheilten Krampfzustand, in: Organ für die gesammte Heilkunde 2,1; 1842, S. 128-135.

Darstellung der rheumatischen Krankheiten auf anatomischer Grundlage. Köln 1845.

Meine Rede vor dem Geschworenengericht zu Köln am 23. Dezember 1848. Bonn 1849.

An die Arbeiter von Köln und Umgebung. Köln 1849.

Zahlreiche Artikel in den Zeitungen des Kölner Arbeiter-Vereins (s. Zeitgenössische Literatur).

Zeitgenössische Literatur

Anneke, Mathilde Franziska: Der politische Tendenzprozeß gegen Gottschalk, Anneke und Esser. Köln 1848.

Dies.: Memoiren einer Frau aus dem badisch-pfälzischen Kriegszug. Newark 1853.

Cavaignac in Köln! Eine wahrheitsgetreue Erzählung der Kölner Ereignisse mit steter Berücksichtigung der aktenmäßigen Darstellung. Zusammengestellt von mehreren Augenzeugen. Köln 1848.

Der sogenannte Aufruhr zu Köln am 3. März 1848. Authentische Darstellung. Köln 1848.

Freiheit, Arbeit. Organ des Kölner Arbeitervereins (1849). Neudr. Glashütten im Taunus 1972.

Freiheit, Brüderlichkeit, Arbeit. Organ des Arbeiter-Vereins zu Köln (I), Köln, 26.10.-31.12.1848; Freiheit, Brüderlichkeit, Arbeit. Organ des Arbeiter-Vereins zu Köln (II), Köln, 8.2.-24.6.1849. Nachdr., hrsg. v. Dieter Dowe, Berlin/Bonn 1980.

Grashof, Friedrich Karl August: Schülergesetze für das Kgl. Karmeliter-Kollegium. Köln 1821.

Heimann, F., Die Cholera-Epidmie in Köln im Jahre 1849. Resultate der Beobachtung und Behandlung im dortigen Bürgerhospital. Nebst numerischen Zusammenstellungen über die Erfolge der Gendrin'schen Behandlungs-Methode und den Einfluß der allgemeinen Blutentziehungen insbesondere. Köln, 1850.

Heine, Heinrich: Ludwig Börne. Eine Denkschrift (1840), in: Sämtliche Werke Bd. XI, hrsg. v. Hans Kaufmann, München 1964, S. 7-135.

Herwegh, Georg: Herweghs Werke in einem Band, hrsg. v. den Nationalen Forschungs- und Gedenkstätten der klassischen deutschen Literatur in Weimar. Berlin/Weimar 1967.

Hess, Moses: Briefwechsel, hrsg. v. Edmund Silberner. Quellen und Untersuchungen zur Geschichte der deutschen und österreichichen Arbeiterbewegung, Bd. 2. Den Haag 1959.

Ders.: Ausgewählte Schriften, ausgew. u. eingel. v. Horst Lademacher. Köln 1962.

Hölscher, Heinrich: Andenken an Dr. Andreas Gottschalk. Lebenslauf, Leichenfeier und die am Grabe gehaltenen Reden nebst seinem Bildnisse. Köln 1849.

Kühn, Walter: Der junge Hermann Becker. Ein Quellenbeitrag zur Geschichte der Arbeiterbewegung in Rheinpreußen. Dortmund 1934.

Rheinische Briefe und Akten zur Geschichte der politischen Bewegung 1830-1850, Bde. 1 und 2/1, hrsg. v. Joseph Hansen, Essen 1919 u. Bonn 1942 (Neudr. Osnabrück 1966 u. Düsseldorf 1997; BD. 2/2 bearb. v. Heinz Boberach, Köln/Bonn 1976.

Zeitung des Kölner Arbeitervereins (1848). Neudr. Glashütten im Taunus 1976.

Forschungsberichte
und allgemeine Literatur

Aring, Paul Gerhard: Christliche Judenmission. Ihre Geschichte und Problematik, dargestellt und untersucht am Beispiel des evangelischen Rheinlandes. Neukirchen-Vluyn 1980.

Asaria, Zwi (Hg.): Die Juden in Köln von den ältesten Zeiten bis zur Gegenwart. Köln 1959.

Aycoberry, Pierre: Köln zwischen Napoleon und Bismarck. In: Kölner Schriften zu Geschichte und Kultur, hrsg. v. Georg Mölich. Köln 1996 (frz.: Paris 1981).

Becker, Gerhard: Karl Marx und Friedrich Engels in Köln 1848-1849. Zur Geschichte des Kölner Arbeitervereins. Berlin (DDR) 1963.

Becker-Jákli, Barbara: Die Protestanten in Köln. Die Entwicklung einer religiösen Minderheit von der Mitte des 18. bis zur Mitte des 19. Jahrhunderts. Köln 1983.

Bedarida, Francois/Bruhat, Jean/Droz, Jaques: Der utopische Sozialismus bis 1848, hrsg. v. Jacques Droz, Geschichte des Sozialismus. Von den Anfängen bis 1875. Frankfurt/Berlin/Wien 1974.

Billstein, Heinrich (Hg.): Marx in Köln. Köln 1983.

Ders.: Der Kölner Kommunistenprozeß im Jahre 1852, in: Reinhold Billstein (Hg.) Das andre Köln. Demokratische Traditionen seit der Französischen Revolution. Köln 1979, S. 101-134.

Bilz, Fritz: Arbeit, Kampf und Tabaksqualm. Der Kölner Zigarrenarbeiter Peter Gerhard Röser 1814-1865. Bd. 23 der Schriftenreihe „Die Arbeiterbewegung in den Rheinlanden", hrsg. v. Günter Bers/Michael Klöcker. Reinbek 1995.

Bilz, Fritz/Schmidt, Klaus (Hgg.): Das war 'ne heiße Märzenzeit. Revolution im Rheinland 1848/49. Köln 1998.

Bohnke-Kollwitz, Jutta u.a. (Hgg.): Köln und das rheinische Judentum. Festschrift Germania Judaica 1959-1984. Köln 1984.

Brisch, Carl: Geschichte der Juden in Cöln und Umgebung aus älterer Zeit bis auf die Gegenwart. (Köln-)Mülheim, 2 Bde., 1879/1882.

Crüsemann, Frank: Der Widerstand gegen das Königtum. Die antiköniglichen Texte des Alten Testamentes und der Kampf um den frühen israelitischen Staat. Neukirchen-Vluyn 1978.

Czobel, Ernst: Zur Geschichte des Kommunistenbundes. Die Kölner Bundesgemeinde vor der Revolution, in: Archiv für die Geschichte des Sozialismus und der Arbeiterbewegung, hrsg. v. Carl Grünberg (1925), S. 229-335. Neudr. in: Freiheit, Arbeit. Organ des Kölner Arbeitervereins. Glashütten 1972.

Dascher, Otfried/Kleinertz, Everhard: Petitionen und Barrikaden. Rheinische Revolutionen 1848/49, bearb. v. Ingeborg Schnelling-Reinicke in Verbindung mit Eberhard Illner. Münster 1998.

Dautzenberg, Christina: Die Choleraepidemie in Köln 1849. Inaugural-Dissertation zur Erlangung der zahnärztlichen Doktorwürde der Hohen Medizinischen Fakultät der Universität zu Köln. Köln 2002.

Delius, Walter: Die evangelische Kirche und die Revolution von 1848. Berlin 1848.

Dowe, Dieter: Aktion und Organisation. Arbeiterbewegung, sozialistische und kommunistische Bewegung in der preußischen Rheinprovinz 1820-1852. Hannover 1970.

Ehrlich, Ernst Ludwig: Geschichte und Kultur der Juden in den rheinischen Territorialstaaten, in: Schilling, Konrad (s.u.), S. 241-281.

Eyll, Klara van: Wirtschaftsgeschichte Kölns vom Beginn der preußischen Zeit bis zur Reichsgründung, in: Hermann Kellenbenz (Hg.), Zwei Jahrtausende Kölner Wirtschaft. Köln 1975. Bd. 2, S. 163-266.

Dies.: Unternehmer der Kölner Zuckerwirtschaft (1830-1871) – Ihr Engagement im Rahmen der Frühindustrialisierung an Rhein und Ruhr, in: Friedrich-Wilhelm Henning (Hg.), Kölner Un

Eynern, Gert von: Die Unternehmungen der Familie vom Rath. Ein Beitrag zur Familiengeschichte. Bonn 1930.

Freitag, Sabine (Hg.): Die Achtundvierziger. Lebensbilder aus der deutschen Revolution 1848/49. München 1997.

Gothein, Eberhard: Verfassungs- und Wirtschaftsgeschichte der Stadt Cöln vom Untergange der Reichsfreiheit bis zur Errichtung des deutschen Reichs. Köln 1916.

Gramulla, Gertrud Susanna: Die Zuckerindustrie im Kölner Raum und ihre Unternehmer (1800-1900). Dipl. Arb. Universität zu Köln (Masch.schr.), WS 1966/67.

Grebing, Helga: Geschichte der deutschen Arbeiterbewegung. München 1970.

Herres, Jürgen: 1848/49. Revolution in Köln. Köln 1998.

Herzig, Arno: Andreas Gottschalk und der Kölner Arbeiterverein, in: Bohnke-Kollwitz u.a. (s.o.), S. 177-182.

Hirsch, Helmut: Moses Hess. Kölner Biographien, Bd. 5, hrsg. v. Nachrichtenamt der Stadt Köln. Köln 1975.

Historisches Archiv der Stadt Köln (Hg.): Karl Marx und Köln 1842-1852. Begleitheft zur Ausstellung, bearbeitet von Everhard Kleinertz. Köln 1983.

Jütte, Robert (Hg.): Geschichte der deutschen Ärzteschaft. Organisierte Berufs- und Gesundheitspolitik im 19. und 20. Jahrhundert. Köln 1997.

Kellenbenz, Hermann: Die Zuckerwirtschaft im Kölner Raum von der napoleonischen Zeit bis zur Reichsgründung, hrsg. v. der Industrie- und Handelskammer zu Köln, Köln 1966.

Koszyk, Kurt: Carl d'Ester (1813-1859), in: Rheinische Lebensbilder, Bd. 11, Köln 1988, S. 149-165.

Krausnick, Michael: Die eiserne Lerche, Georg Herwegh. Die Lebensgeschichte des Georg Herwegh. Weinheim 1993.

Langewiesche, Dieter (Hg.): Die deutsche Revolution 1848/49. Darmstadt 1983.

Lennartz, Stephan/Mölich, Georg (Hgg.): Revolution im Rheinland. Veränderungen der politischen Kultur 1848/49. Bielefeld 1998.

McLellan, David: Karl Marx. Leben und Werk. München 1974 (London 1973).

Mettele, Gisela: Bürgertum in Köln 1775-1870. Gemeinsinn und freie Association. München 1998.

Mommsen, Wolfgang J.: 1848 – Die ungewollte Revolution. Die revolutionären Bewegungen in Europa 1830-1849. Frankfurt a.M. 1998.

Müller, Alwin: Das Sozialprofil der Juden in Köln (1808-1850), in: Bohnke-Kollwitz (s.o.), S. 102-106.

Ders.: Die Geschichte der Juden in Köln von der Wiederzulassung 1798 bis um 1850, hrsg. v. Carl D. Dietmar u. Georg Mölich (=Kölner Schriften zu Geschichte und Kultur, Bad. 6), Köln 1984

Na'aman, Shlomo: Emanzipation und Messianismus. Leben und Werk des Moses Heß. Frankfurt/New York 1982.

Rebensburg, A.H.: 100 Jahre evangelische Gemeinde Köln. Köln 1902.

Repgen, Konrad: Märzbewegung und Maiwahlen des Revolutionsjahres 1848 im Rheinland. Bonn 1955.

Roßmann, Witich: Vom mühsamen Weg zur Einheit. Lesebuch zur Geschichte der Kölner Metall-Gewerkschaften. Quellen und Dokumente (I): 1848-1918. Hamburg 1991

Schäfke, Werner (Hg.): Der Name der Freiheit 1288-1988. Aspekte Kölner Geschichte von Worringen bis heute. Ausstellungskatalog Kölnisches Stadtmuseum. Köln 1988.

Schieder, Wolfgang: Anfänge der deutschen Arbeiterbewegung. Die Auslandsvereine im Jahrzehnt nach der Julirevolution von 1830. Stuttgart 1963.

Ders.: Karl Marx als Politiker. München 1991.

Schilling, Konrad (Hg.): Monumenta Judaica. 2000 Jahre Geschichte und Kultur der Juden am Rhein. Köln 1963.

Schlegel, Klaus: Köln und seine preußischen Soldaten. Die Geschichte der Garnison und Festung Köln von 1814 bis 1914. Köln 1979.

Schmidt, Klaus: Gerechtigkeit – das Brot des Volkes. Johanna und Gottfried Kinkel. Eine Biographie. Stuttgart 1996.

Ders.: Kanzel, Thron und Demokraten. Die Protestanten und die Revolution 1848/49 in der preußischen Rheinprovinz. Köln 1998.

Ders.: Mathilde Franziska und Fritz Anneke. Aus der Pionierzeit von Demokratie und Frauenbewegung. Eine Biographie. Köln 1999.

Ders.: Franz Raveaux. Karnevalist und Pionier des demokratischen Aufbruchs in Deutschland. Köln 2001.

Schnelling-Reinicke: Andreas Gottschalk (1815-1849), in: Ottfried Dascher u. Everhard Kleinertz (Hgg.): Petitionen und Barrikaden (s.o.).

Schulte, Klaus H.: Familienbuch der Deutzer Juden, hrsg. v. Hugo Stehkämper (=Mitteilungen aus dem Stadtarchiv von Köln, 67. Heft), Köln 1992.

Seyppel, Marcel: Die Demokratische Gesellschaft in Köln 1848/49. Städtische Gesellschaft und Parteien-Entstehung während der bürgerlichen Revolution. Köln 1991.

Siemann, Wolfram: Die deutsche Revolution von 1848/49. Frankfurt 1985.

Silberner, Edmund (Hg.): Moses Heß. Briefwechsel. s' Gravenhage 1959.

Ders.: Moses Hess. Geschichte seines Lebens. Leiden 1966.

Stein, Hans: Der Kölner Arbeiterverein (1848-1849). Ein Beitrag zur Frühgeschichte des rheinischen Sozialismus (1921). Neudr. in: Freiheit, Arbeit. Organ des Kölner Arbeitervereins. Glashütten 1972.

Sterling, Eleonore: Er ist wie du. Aus der Frühgeschichte des Antisemitismus in Deutschland 1815-1850. München 1956.

Dies.: Der Kampf um die Emanzipation der Juden im Rheinland, in: Schilling, Konrad (s.o.), S. 282-308.

Stommel, Karl: Der Armenarzt Dr. Andreas Gottschalk, der erste Kölner Arbeiterführer, 1848, in: Annalen des Historischen Vereins für den Niederrhein 166, 1964, S. 55-105.

Ders.: Andreas Gottschalk (1815-1849), in: Rheinische Lebensbilder, Bd. 11. Köln 1988, S. 167-189.

Strutz, Edmund: Geschichte der Familie Peill. Görlitz 1927.

Valentin, Veit: Geschichte der Revolution von 1848/49. 2 Bde. (1930/1931). Köln 1971.

Wagner, Rita: Zuckerindustrie im Kölner Raum, in: Peter Joerißen/Rita Wagner (Hgg.), Süßes Rheinland. Zur Kulturgeschichte des Zuckers. Bonn 1998.

Walk, Joseph: Das jüdische Schulwesen in Köln bis 1942, in: Bohnke-Kollwitz (s.o.), S. 415-426.

Wedell, Abraham: Geschichte der jüdischen Gemeinde Düsseldorfs, in: Düsseldorfer Geschichtsverein (Hg.), Geschichte der Stadt Düsseldorf. Festschrift zum 600jährigen Bestehen. Düsseldorf 1888.

Wehler, Hans-Ulrich: Deutsche Gesellschaftsgeschichte, Bd. 2. Von der Reformära bis zur industriellen und politischen Deutschen Doppelrevolution 1815-1848/49. München 1987.

Weyden, Ernst: Geschichte der Juden in Köln am Rhein. Köln 1867.

Zlocisti, Theodor: Moses Heß, der Vorkämpfer des Sozialismus und Zionismus, 1812-1875. Berlin 1921.

Bildnachweis

Celia Körber-Leupold: S. 149
Rheinisches Bildarchiv Köln: S. 45, 67
Die übrigen Abbildungen stammen aus dem Verlagsarchiv.